# 身近な野菜のなるほど観察録

稲垣栄洋　三上修 画

筑摩書房

# プロローグ――野菜だって生きている

学生時代の話である。

古い下宿アパートの友人の一室で、不思議な光景を見た。万年布団のかたわらに散らかったゴミの山から、何やら植物の茎らしきものが伸びて、可憐な黄色い花を咲かせているのだ。一瞬、目を疑ったが、まちがいなく何かの花である。

何だろうと思ってゴミの山をかき分けてみると、なかから姿をあらわしたのは古くなったハクサイだった。驚いたことに、ハクサイが茎を伸ばして花を咲かせていたのである。

どうやら鍋物に使ったハクサイの残りをそのまま放っておいたらしい。「掃き溜めに鶴」のたとえではないが、ゴミの山から咲いたハクサイの花は、何とも美しく気高い存在に思えた。生ゴミを部屋に放置していた友人のだらしなさもさることながら、ハクサイも精一杯生きているんだなあ、と妙な感動をしたのを覚えている。

「野菜だって生きている」

この当たり前のことがこの本のテーマである。野菜が植物であり、生命ある存在であることは誰もが知っていることだ。しかし、どうだろう。サラダや漬け物、炒め物、煮物など、私たちは毎日のように野菜を食べているはずなのに、実際に野菜の生命が感じられる機会は思いのほか少ない。もちろん、それも無理のない話である。私たちの目の前にあらわれる野菜は、植物としてよりも、食材としての顔をしている。そして、皿の上に美しく盛りつけられて、まるでよそゆきの顔をしているのだ。

しかし、私たちが食卓で見る彼らの姿は、野菜の生涯にとっては最期の舞台に過ぎない。その料理が野菜の味をどれだけ引き出したすばらしいものだったとしても、それは野菜の魅力の、ごくごく一部に過ぎないことだろう。

食卓にのぼるまでに、野菜は壮絶な生命のドラマを演じてきたはずである。茎や葉を茂らせ、その生長を競ったこともあったろう。襲い来る害虫や病原菌と闘い続けた日もあったろう。人知れず花を咲かせ、実を結ぶ日もあったろう。そして、収穫されてなお、生命の火を燃やし続けてきたことだろう。おとなしく皿の上におさまっている物いわぬ野菜たちも、その暮らしぶりは、じつにいきいきとしたものだったはずなのだ。

そこで、生命ある野菜たちの知られざる素顔を紹介しようとしたのがこの本である。今まで食べ物としてしか見てこなかった野菜を、生きている植物という視点で眺めたとき、彼らはじつにユニークな存在なのだ。

なにしろ野菜は複雑な境遇に置かれている。野菜ももとをただせば野生の植物だから、野性に目覚め、自然の摂理のなかで必死に生きようとする。しかし、野菜は太古の昔から人類のパートナーとして生きてきた存在でもある。だから自然界の植物としてたくましく生きる一方で、彼らは飼いならされた犬のように人間に寄り添い、人間の要求に応えようと努力してきた。そして、ときには人間の身勝手な欲望に翻弄されて、その姿や形質を異常なまでに変化させてきたのである。

結果として、改良に改良を重ねられてきた野菜という植物は、野山に咲く野生の植物には見られないようなさまざまな特異的な性質を身につけているのだ。

身近な存在だからこそ気がつきにくいということも、ままあることだ。野菜のパートナーとして共に長い歴史を歩んできたわれわれ人間は、もう少し彼らの生き方に目を向けてみても悪くはないだろう。身近な野菜たちの知られざる素顔を知ったとき、彼らはさらに魅力ある存在として私たちの食卓に並ぶはずである。

「野菜だって生きている」――この本は個性あふれる身近な野菜たちの知られざる生命の物語である。それでは、さっそく野菜たちの物語をはじめることにしよう。

目次

# 身近な野菜のなるほど観察録

# キャベツ
甘藍（かんらん）　アブラナ科

## 赤ちゃんはどこから来るの？

トンカツのつけあわせといえば、何といっても山盛りの千切りキャベツだろう。トンカツに限らず、ハンバーグやオムレツ、コロッケなどの洋食にも必ずキャベツが添えられる。

洋食に欠かせないキャベツだが、意外にもこの取り合わせは日本独特のものらしい。欧米では生のキャベツを食べる習慣がないのである。何でも生キャベツは、ウサギが食べるものと決まっているそうだ。そういえば、偶然の一致か、日本人はウサギ小屋に住んでいると揶揄されている。

しかし、何といわれようと、トンカツには山盛りの千切りキャベツだ。添え物とはいえ、キャベツは主役のトンカツに勝るとも劣らない存在感を誇っている。店によっては大盛りキャベツが小さなトンカツをすっかり圧倒している定食さえあるくらいだ。

日本はキャベツをたくさん食べる国らしく、その生産量はフランスの何と六倍にのぼるというが、大盛りキャベツをお腹一杯食べても安心していい。キャベツには消化酵素

11　キャベツ

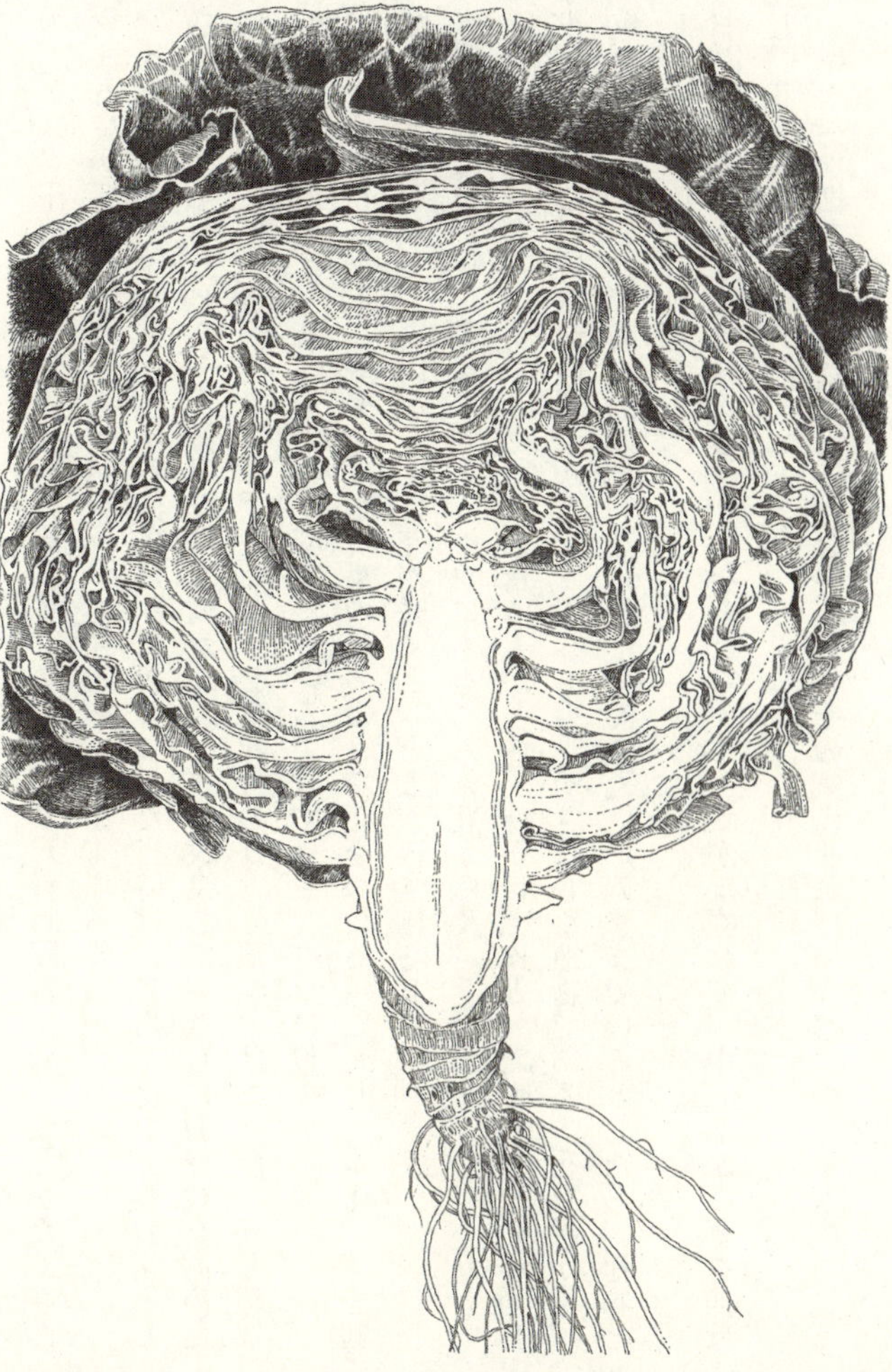

のジアスターゼや、胃腸の潰瘍を治すビタミンUなど、胃腸障害に効く成分がたくさん含まれている。胃腸薬「キャベジン」もキャベツに由来するくらいだ。

ところが、キャベツが江戸時代に日本に入ってきた当時は、食用ではなく観賞用として利用されていたという。器用な日本人がキャベツを改良して、さらに観賞性を高めたものが正月を彩る葉牡丹である。キャベツと葉牡丹とは、分類学上はまったく同じ種（しゅ）なのだ。そういえば、葉牡丹の葉が密集しているようすはキャベツに似ている。

葉牡丹は春になると茎を伸ばし、菜の花のような花をつける。ただし、本来、葉を観賞するものなので、皮肉なことに花が咲くと、どこかみすぼらしい。

葉牡丹に花が咲くように、キャベツにももちろん花が咲く。

「キャベツにも花が咲く」というと驚く人が多い。確かに丸々としたキャベツの姿から花を想像するのは難しい。しかし、キャベツもれっきとした植物である。花を咲かせ、実をつけることはごく当然の権利なのだ。あんな丸い形のままでいるとしたら、植物としてはよっぽど奇妙だろう。

固く葉を巻いたキャベツも、春になるとちゃんと葉がほぐれて、中心部から茎を伸ばし、花を咲かせる。

キャベツ畑を見る機会に恵まれない人も、その気になればキャベツの花を家庭で見る

13　キャベツ

ことができる。キャベツを縦に半切りにしてみると、丸まった葉のなかに太い芯がある。この芯がキャベツの茎である。この半切りしたキャベツの芯を水につけておくと、やがてこの茎が伸びて花を咲かせるのだ。キャベツの花は葉牡丹と同じく、菜の花によく似た黄色い花を咲かせる。キャベツはアブラナ科の植物なのだ。アブラナ科の花は四枚の花びらが十字についているので十字花植物と呼ばれている。

キャベツはアブラナ科のなかのブラシカ属というグループに分類される。キャベツの学名は「ブラシカ・オレラシア」。オレラシアとは「野菜の」という意味である。ブラシカ属はカブやハクサイ、コマツナなど、主要な野菜を擁する野菜の最大派閥である。その群雄割拠のグループのなかで「野菜の」を学名に持つキャベツは、まさに野菜のなかの野菜といっていいだろう。

ところで、キャベツといえばキャベツ人形というのがある。キャベツ人形というくらいだからキャベツの形をしているのかと思うがそうではなく、ふつうの赤ちゃんの人形である。これは、赤ちゃんがキャベツ畑で生まれるという西洋の言い伝えからきているらしい。

赤ちゃんはコウノトリが運んでくるという話が有名だが、日本では野生のコウノトリはすでに絶滅してしまった。代わりにキャベツ畑は戦後、著しく面積を増やしている。

日本の急激な人口増加を支えてくれたのは、もしかすると、コウノトリではなくキャベツ畑だったのかもしれない。ところで、なぜ赤ちゃんがキャベツ畑で生まれるのだろうか。じつは、これにはロマンチックな風習が関係している。

スコットランドではハロウィンの夜に恋人たちが目隠しをしてキャベツを引き抜き、土がたくさんついていれば恋が実るといわれている。キャベツの根はほかの葉菜に比べると深くまで張っていて、土のなかに一メートル四方くらい広がっている。引き抜かれても恵みの大地をしっかりと離さないこのキャベツの性質が、こんな風習を生んだのだろう。そして、恋人たちはキャベツ畑に集まり、その結果、赤ちゃんはキャベツ畑で生まれると言い伝えられているのだ。ハロウィンの夜、何があったのかは抜き捨てられたキャベツのみぞ知る、といったところなのだろう。

この風習が始まった当初は、キャベツはまだ葉を巻く性質を持っていなかったという。ところが、恋人たちの目にあまる情事を見ていられなかったのだろうか、キャベツはその後の品種改良の歴史のなかで、あたかも目を覆うかのように葉をつぎつぎに巻きだした。そしてその結果、今日見られるような、玉のような赤ちゃんならぬ、キャベツが誕生したのである。

# レタス

萵苣（ちしゃ）　キク科

## キャベツには負けられない

レタスは見かけはキャベツとよく似ているが、本来は似ても似つかない別の植物である。キャベツがアブラナ科であるのに対し、レタスはキク科の野菜なのだ。

レタスがキク科である、といわれても信じられないかもしれないが、花を見れば一目瞭然である。レタスは小さなキクのような花を咲かせるのだ。秋に咲くアキノノゲシという野草はレタスにごく近い仲間なので、あの花を思い浮かべてもらえばいいだろう。

キャベツの属するアブラナ科は、ハクサイやコマツナ、チンゲンサイなど、葉を食べる葉菜類の多くを擁するスター軍団だ。キク科のレタスはこのアブラナ科を向こうにまわして孤軍奮闘、頑張っている。

もちろん、レタスはキク科としてのプライドを決して失ってはいない。

八百屋やスーパーで買ってきたレタスの切り口の部分を包丁で少し切ってみると、白い乳のような液がにじみ出てくる。これはキク科の野草のタンポポやノゲシにも見られる特徴である。レタスは日本語で「チシャ」という。じつは昔「乳草（ちちくさ）」と呼ばれていた

17　レタス

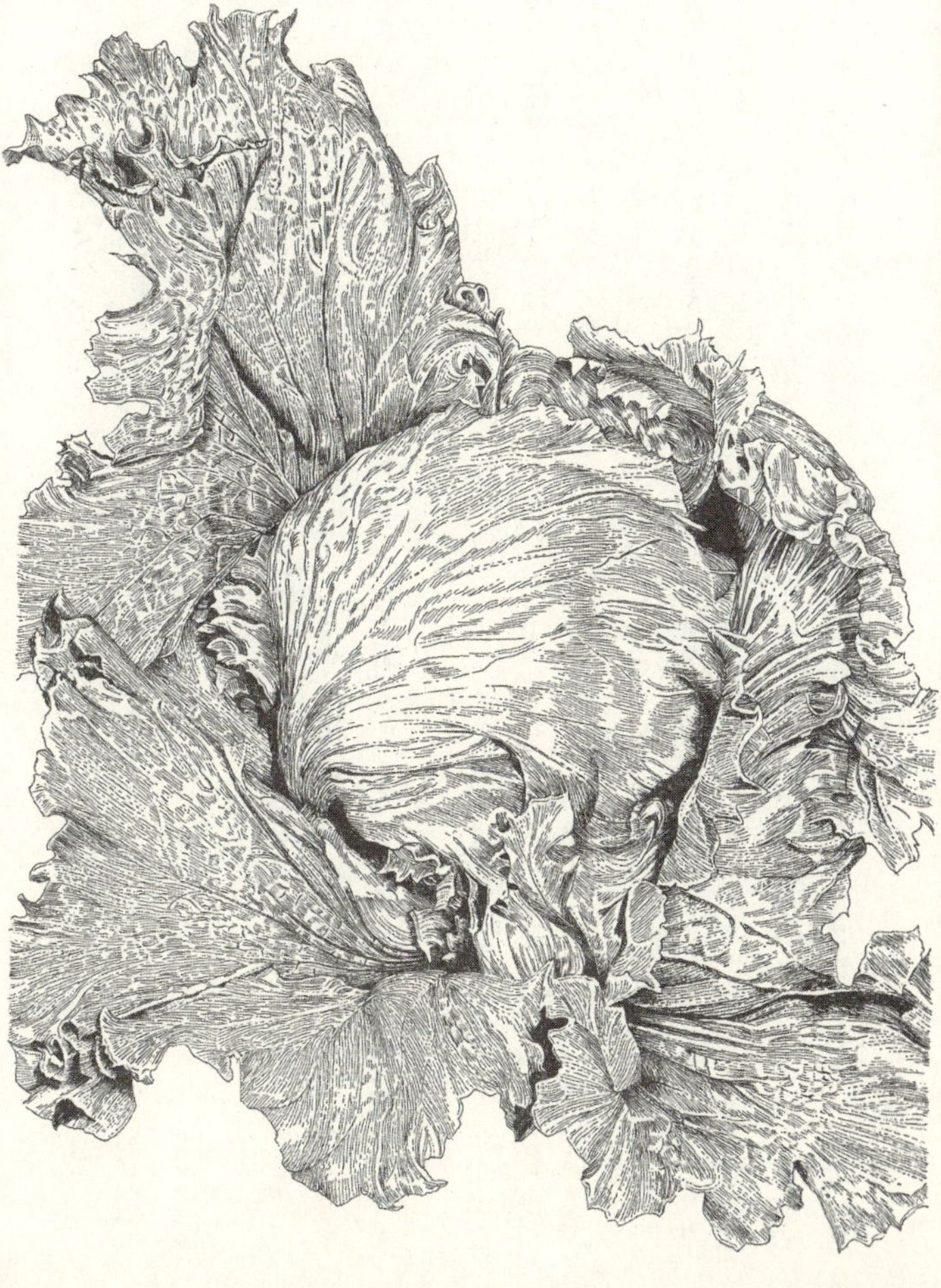

のが「ちさ」と略されるようになり、それが転じて「ちしゃ」と呼ばれるようになった。レタスの名は学名「*Lactuca*」に由来するが、これももともとは乳を意味する言葉だ。タンポポやノゲシも白い液が出るのでよく乳草と呼ばれるが、学名を見ればレタスこそ乳草の本家本元と言っていいだろう。

試しにレタスの白い液をなめてみることにしよう。意外なことにみずみずしいレタスからは想像できないくらい、とても苦い。この苦味物質で虫に食べられないように身を守っているのである。おそらく、レタスがまだ野草だったころに鍛えた護身術なのだろう。

ほかにもレタスには変わった特徴がある。レタスの種子は光が当たらないと芽が出ないのだ。種子というのは光の当たらない土の中にまくのがふつうなのだが、何ともひねくれたことに、レタスの種子は土を上にかけすぎると芽が出ないのである。

どうして、レタスの種子はこんな性質を持っているのだろう。

光が当たらないと芽を出さない性質は、「光発芽性（ひかりはつがせい）」と呼ばれていて、雑草など野生の植物によく見られるものである。せっかく芽を出してもまわりに草が生い茂っていたら光や水を奪われて、小さな芽は生長することができない。生存の可能性を高めるためには、生長を邪魔するほかの植物が存在しないことが大切なのだ。地面の上の種子に光

19　レタス

が当たっているということは、ライバルとなる植物がまわりにないことを意味している。だからレタスは光を感じてはじめて芽を出すのである。

それだけではない。レタスの種子は光の波長さえ見分けているという。種子に当たった光が波長の長い遠赤色光（えんせきしょくこう）の場合は芽を出さないのである。レタスが光の波長にまでこだわるのには理由がある。

植物の葉は光合成のために青色から赤色の波長の光を吸収しているが、遠赤色光は吸収されずに、葉を透過してしまう。つまり、遠赤色光が地面に降り注いでいるということは、その上に生い茂る葉があるということなのだ。だから光が射しこんでも、それが遠赤色光の波長であればレタスは決して発芽しないのである。

レタスの種子はごく微小である。小さな種子が芽生えて無事に苗にまで生長することは容易ではない。芽を出すことは、まさに生きるか死ぬか、一世一代の大勝負である。だからこそ、レタスの種子は状況を慎重に分析し、発芽するタイミングを捉えようとしているのである。もちろん現代では、そんなに用心深くならなくても人間が苗になるまで保護してくれる。しかし、野菜畑で育てられるようになっても、レタスはほかの植物たちと熾烈を極める戦いを繰り広げた時代の苦労を忘れていないのだ。この雑草魂があるからこそ、キャベツ率いるアブラナ科の野菜に負けず、存在感を示しているのだろう。

すでに紹介したように、レタスのライバルであるキャベツは、男女の出会いの夜と赤ちゃん誕生のロマンチックな伝説で人々に愛されている。こうなるとレタスも負けてはいられない。キャベツの言い伝えにある男女の出会いと赤ちゃん誕生のちょうど間にある新婚生活をレタスは演出している。

レタスをちぎっただけのサラダは「ハネムーン・サラダ」と呼ばれている。なぜ、ハネムーンなのだろう。じつは「Lettuce only」（レタスのみ）という英語が、「Let us only」（私たち二人っきりにして）と聞こえることに由来している。

そういえば、細かな千切りキャベツは包丁さばきも手際のいいベテラン主婦を思わせるが、レタスをちぎっただけのサラダは、まだ料理に不馴れな新妻を連想させる。もっとも、どんなに腕に自信があっても、レタスを包丁で切ってはいけない。包丁で切ると、レタスが変色してしまうのだ。これはレタスの細胞に含まれるフェノール物質が、包丁の鉄と反応し、さらに酸素とくっついて褐色の物質に変化してしまうためである。

茎に多く含まれる苦味物質も、葉には少ない。たまには甘い「ハネムーン・サラダ」で、レタスの風味を楽しんでみてはどうだろうか。

# タマネギ

玉葱（たまねぎ）　ユリ科

## 涙なしには語れない

タマネギのことを語ろうとすれば、涙なしにはできないだろう。なにしろタマネギを包丁で切っていると、止めどもなく涙があふれ出てしまう。それにしても、なぜタマネギを切ると涙が出るのだろうか。

タマネギを切ると細胞が壊れて、細胞のなかにある「アリイン」という物質が細胞の外に染み出てくる。そして、アリインは細胞の外にある酵素によって化学反応を起こし、揮発性の催涙物質に変化するのである。ちょうど、使い捨てカイロの、袋のなかの鉄と袋の外の酸素が化学反応を起こすのと同じしくみだ。

もちろんタマネギは世の料理好きな女性たちを泣かせるために、こんな悪さをしているわけではない。タマネギが虫に食べられて細胞が破壊されたときに、刺激物質を瞬時に作り出して撃退しようとしているのだ。しかし、結果的に世の女性たちはタマネギに泣かされている。

女泣かせのタマネギはどう扱えばいいかというと、冷たくしてやるに限る。この催涙

## 23　タマネギ

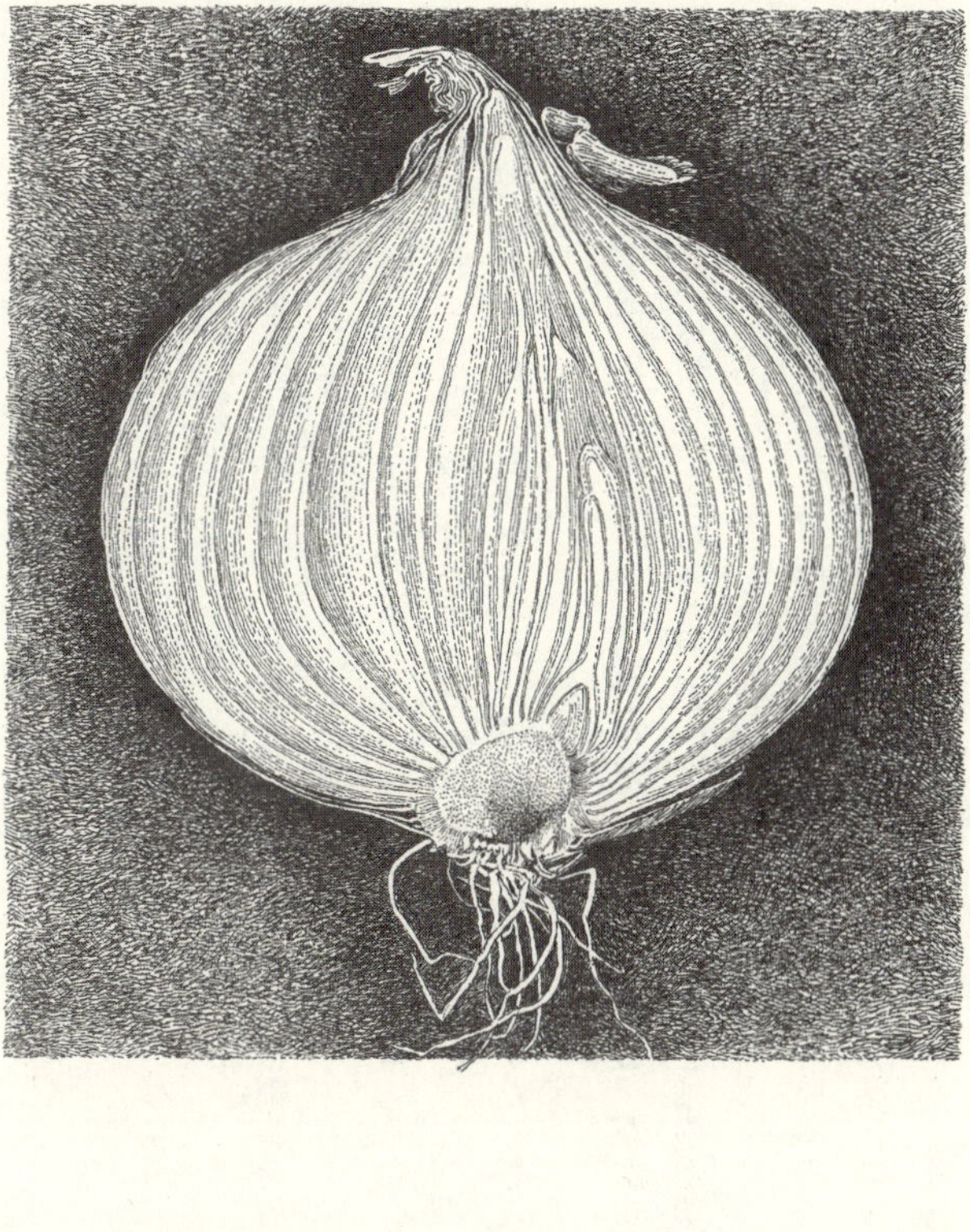

物質は温度が低いと揮発しにくいので、切る直前に冷蔵庫で冷やしておくと泣かされることは少ないのである。

切り方によっても涙の出かたが違う。タマネギを縦切りにする場合と、横切りにする場合とでは、横切りにするほうが涙が出やすいのだ。

植物の構造は基本的に細胞を縦に積み上げたように並んでいる。植物は細胞を縦に並べることで、横からの力に対して折れにくくしているのである。

もちろん、タマネギの細胞も同じように縦に並んでいる。タマネギを縦切りにした場合は、縦に並んだ細胞と細胞とが離れるだけなので細胞はあまり壊れない。ところが、横切りにした場合は、細胞が切られて壊れてしまう。そのため催涙物質がたくさん出るのである。

もっとも、横切りにすれば細胞が壊れるので口当たりがやわらかくなる。だからタマネギをサラダにするときには、横切りにするほうがいい。逆に縦切りだと細胞が壊れずに、噛んだときに細胞が壊れて味が染み出るので、炒め物にむいている。

タマネギといえば涙。涙といえばハンカチがつきものである。それならいっそのこと、タマネギでハンカチを染めてみてはどうだろうか。タマネギの一番外側の茶色の皮をゆでてから、その汁にハンカチを二時間程度つけて、みょうばんを溶かしたぬるま湯で洗

25　タマネギ

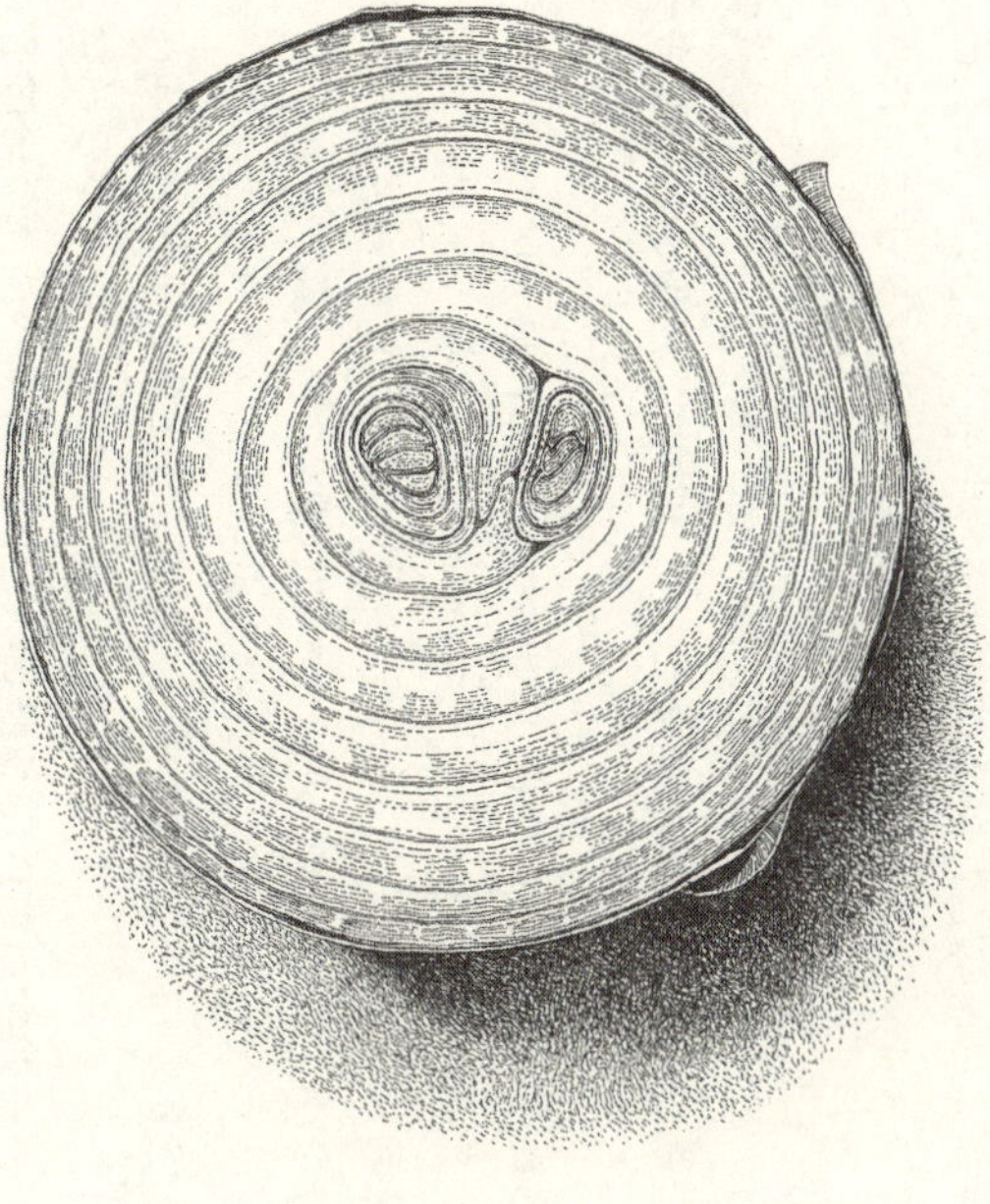

う と、美しい茶色に染めあがる。これがタマネギ染めである。その仕上がりは素朴で上品、何ともいえない色合いだ。イランやインドの染め物として有名なサラサも、タマネギの色素で染められている。

もっとも、最近ではタマネギも刺激物質が少ない品種が増えているので泣かされることも少なくなった。涙を拭いて、タマネギの観察を続けてみることにしよう。タマネギはよく「むいてもむいても皮ばかり」と形容されるが、もちろん、そのなかには芯がある。タマネギを縦に半切りすると、一番下の基部のところにわずかに芯がある。これがタマネギの茎である。そして、芯の外側に重なりあって玉を形成している食用部分が葉である。半切りをよく見ると、茎に相当する芯から左右に葉が出ているのがわかるだろう。

しかし、タマネギが葉であるといわれても、即座に合点がいかないかもしれない。確かに縦切りにすれば葉のようにも見えるが、横に切ってみるといくつもの輪に分かれるではないか。

この謎を解くために、タマネギを育ててみることにしよう。タマネギは古くなると上から芽が出てきてしまう。このタマネギの下のほうを水につけておけば水栽培ができるし、プランターなどに植えて育てることもできる。伸びてきたタマネギの葉は、ネギによく似ている。タマネギは「玉になるネギ」という意味なのだから、考えてみれば当たり前だ。タマネギの葉は筒状で、切れば輪になる。つまり、タマネギはネギの葉の根元が詰まって玉になったものなのである。

こうして葉の形を変化させて玉にしたのには、もちろん理由がある。タマネギの原産地の中央アジアは乾燥地帯である。厳しい環境を乗り切るために葉が養分を蓄えて厚くなり、重なりあって玉のようになったのだ。タマネギはよく軒先に吊るして干されているが、乾燥に強いタマネギはまったく平気である。むしろ乾燥させることで長期間、保存することができるのだ。

タマネギの英名「オニオン」はラテン語で真珠を意味する「ユニオ」に由来する。真珠が層を重ねるように、タマネギも層を重ねていることから名づけられたという。タマネギは真珠のように神秘的なパワーを持つと信じられていたのだ。

真珠が層を重ねながら輝きを増してきたように、タマネギも栄養分を蓄えながらその玉を大きくしてきた。皮ばかりで中身がないといわれるタマネギだが、本当は皮の一枚一枚を充実させながら生長してきたのだ。どのような厳しい環境がタマネギをここまで強くしたのだろう。タマネギの物語はやはり涙なしには語れそうにない。

# エンドウ

豌豆 マメ科

## 蝶のように咲く

インゲンマメの名は、隠元禅師が中国から日本に伝えたことに由来するといわれている。それならば、エンドウマメは遠藤さんが伝えたのか、というとそうではない。

エンドウは漢字で書くと豌豆。莢の形が曲線を描くので、美しく曲がる意味の「宛」という字に豆偏をつけて「豌」の字を作り、さらに「豆」を重ねて「豌豆」としたのだ。

私たちは、よくエンドウマメといってしまうが、これは漢字で書くと「豌豆豆」と豆の字がダブっている。ご飯に付ける味噌汁を意味する「付け」の丁寧語「御付け」は、さらに丁寧に「御」をつけて「御御付け」となり、時を経て、さらに丁寧に「御御御付け」になったという説があるが、エンドウマメも同じ口だろうか。

植物の名前はカタカナで書くことが慣わしになっているが、「豌豆豆豆」とだんだん豆の字が重なっていかないように、日本語の植物名も、たまには漢字で書いてみるほうがいいだろう。

ちなみにエンドウを日本に持ち込んだのは遠藤さんではなく遣唐使ではないかといわ

29　エンドウ

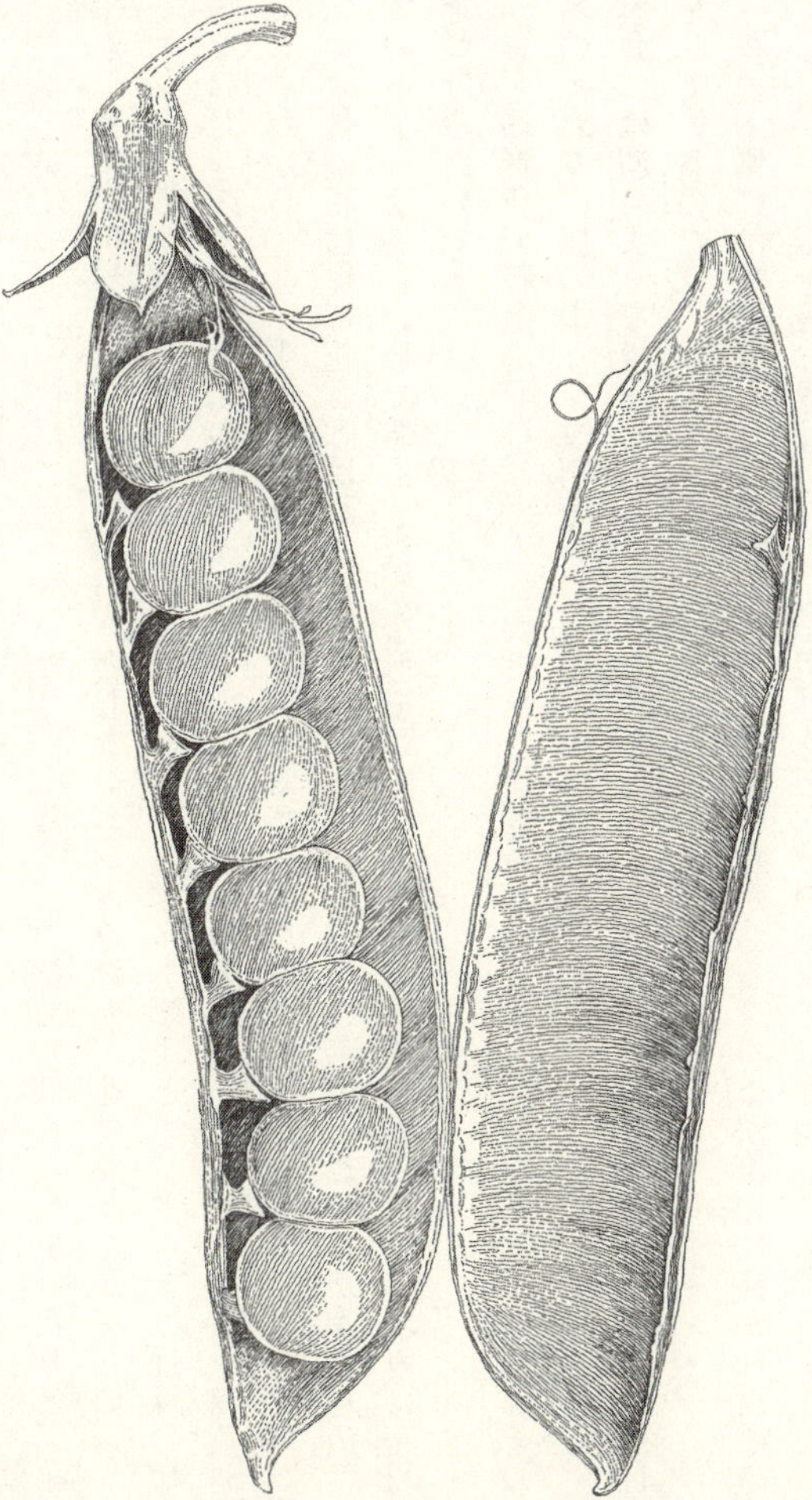

れている。さらには隠元禅師が伝えたのは本当はインゲンマメではなくフジマメらしい。シューマイの上に一粒だけ乗っていたり、中華丼に数粒散りばめられていたりと、華やかな野菜の世界では、いまいちパッとしないエンドウだが、花はなかなか美しい。

エンドウの花はスイートピーとよく似ている。スイートピーとエンドウとは近縁の植物なのだ。スイートピーの和名はジャコウエンドウ（麝香豌豆）だし、エンドウは英語でピーだから、スイートピーは甘い香りのするエンドウという意味である。

マメ科の花は蝶形花（ちょうけいか）と呼ばれる独特の形をしている。その名のとおり、蝶が羽を広げているような美しい形である。複雑な形をしているのは、ハチを呼び寄せて巧みに花粉をつけるためである。

まず蝶形花で特徴的なのは、上に突き出た旗弁（きべん）とよばれる花びらである。これはその名のとおり、旗のような役割をしていてハチなどの虫がやってくる目印になっている。旗弁には筋のような模様がある。これが花を訪れるハチに蜜のありかを示す標識の役目をしているのだ。

花の下側には舟の形をした舟弁（ふなべん）と呼ばれる花びらがある。ハチが旗弁に描かれた標識にしたがって蜜を吸おうと舟弁に足を掛けると、その重みで舟弁が下に下がるようなしくみになっているのだ。そして、舟弁のなかからあらわれた雄しべがハチの腹に花粉を

31　エンドウ

付着させる。このハチがほかのマメ科の花を訪れると、今度はハチの腹についた花粉が雌しべにつく。こうしてマメ科の花はハチの力を借りて、ほかの花どうしで花粉をやり取りして受粉している。何とも手が込んでいるが、レンゲやシロツメクサなど、野原に咲く身近なマメ科の花でも、指でそっと舟弁を押し下げると雄しべや雌しべが出てくるのが観察できる。

ところがである。エンドウではハチがとまったくらいの力では舟弁が下に下がらない。これだけ巧妙なマメ科の花を咲かせながら、エンドウの花は虫がやってくるのを拒んでいるのである。

花々が美しい色や甘い香りと複雑なしくみを持っているのは、虫たちを集めて花粉を運んでもらうためである。ほかの個体と受粉することによって、植物はさまざまなタイプの子孫を残すことができる。さまざまなタイプの子孫を残すことによって、植物はあらゆる環境条件を乗り切ろうとしているのだ。

ところが、エンドウは違う。人間に保護されて育つエンドウは、厳しい環境条件を乗り切る必要がない。むしろ、これから先も人間の保護を受け続けるためには、人間たちが期待するエンドウの性質を、変わることなく子々孫々に伝えていくほうが大事である。そのためにはほかの花と花粉を交換するよりも、自らの花粉で受粉して自分と同じ性質の種子を残したほうが得策だ。こうして人間との長い共存の時代を経て、エンドウは虫の訪問をかたくなに拒否して自家受粉する道を選んだのである。

かのメンデルが遺伝の法則をエンドウから発見できたのも、他と交わらず自家受粉するエンドウの気まじめな遺伝様式があったからこそである。

エンドウの花の子房（しぼう）を観察すると、すでに豆の莢の形になっている。この豆の莢をよく見ると、一枚の葉が折りたたまれたようにできていることに気がつくだろう。植物の花は葉が変化したものであることを発見したのは、かのドイツの文豪ゲーテだが、花びらばかりでなく雌しべも葉からできているのである。エンドウを料理するときに取り除く、すじの部分が葉の両端が合わさった部分である。この子房のなかで種子が育まれ、私たちが食べる豆が出来上がるのである。

エンドウは栽培が難しくないので、スイートピーの代わりにプランターやハンギングバスケットで育てれば、美しくも不思議なエンドウの花を間近に見ることができるだろう。

もし花を見損なったら、買ってきたエンドウの莢をよく観察することにしよう。注意して見ると、莢の先端には雌しべの、付け根には雄しべの痕跡を見ることができる。かつて評判の看板娘だったおばあさんの昔話を聞くように、エンドウの莢から、蝶のように美しかったエンドウの花に想像をふくらませてみるのも悪くないだろう。

34

# ソラマメ

蚕豆（そらまめ）　マメ科

## 空を見上げて

子どもたちに人気の『そらまめくんのベッド』（福音館書店）という絵本がある。もちろん、主役はソラマメである。そらまめくんは「くものようにふわふわで、わたのようにやわらかい」莢のベッドが自慢の宝物なのだ。友だちのえだまめくんやグリーンピース兄弟は、そらまめくんのベッドをとてもうらやましがっているというお話だ。

ソラマメの莢のなかをよく見ると、確かにやわらかい毛で覆われている。さわってみると、そらまめくんが自慢するだけのことはある心地よさだ。

ソラマメは春に花を咲かせて、実をつける。まだ肌寒い時期に豆を守るために、やわらかく暖かなベッドを用意しているのだろう。

もちろん、こんなにまで豆を大事にしているのは、それがソラマメにとっての種子だからである。私たちが日ごろ食べているのは、ソラマメの未熟な種子なのだ。

ビールのつまみに、塩ゆでにしたソラマメを食べる前に、少しだけ観察してみよう。

ソラマメには黒い口のような部分がある。江戸時代の既婚女性が歯を黒く染めたお歯

35　ソラマメ

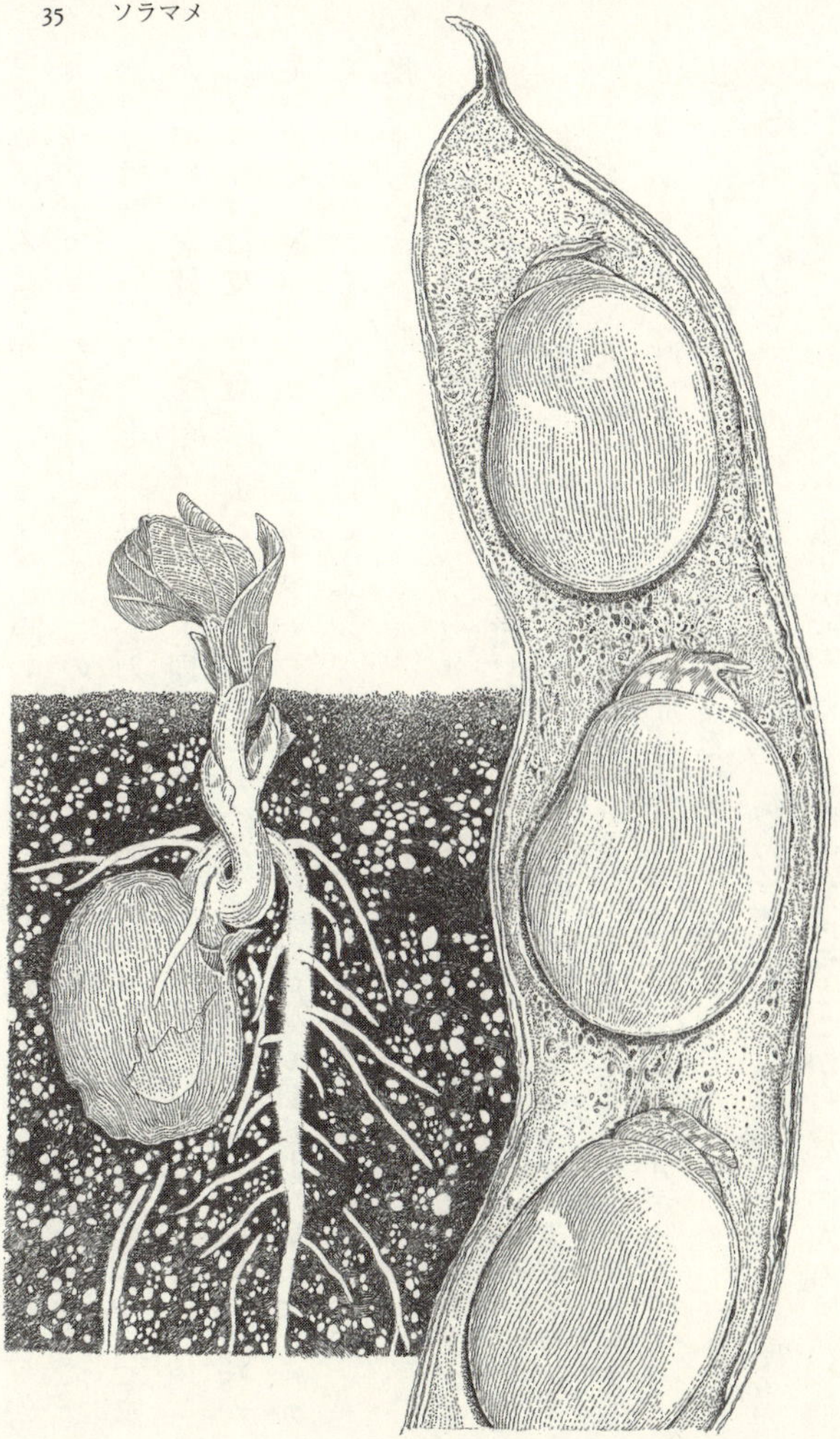

黒に似ていることから、ソラマメの黒い口もお歯黒と呼ばれている。このお歯黒は豆が莢とつながっていた名残りである。このお歯黒を通じて栄養分をもらいながら、莢のなかで豆は育まれてきたのだ。私たちのおへそが、胎児のときに母親のお腹のなかでつながっていた名残りであるのとちょうど同じである。

ソラマメは皮ごと食べる人と、皮をむいて食べる人がいる。ソラマメの皮には渋味があるので、好みが分かれるようだ。ソラマメの皮には薬効成分が含まれているというから、皮が嫌いな方も、一度皮ごと食べてみよう。逆に皮好きな方は、観察のために、一度皮をむいてみよう。

皮をむいた豆は、ちょうど立体パズルのように二つのパーツに分かれることに気がつくだろう。これがソラマメの芽の双葉になるのである。

一般的に植物の種子は、植物の赤ちゃんにあたる胚（はい）と呼ばれる部分と、芽生えのときの栄養源となる胚乳（はいにゅう）と呼ばれる部分からなっている。たとえば私たちが食べるお米では、玄米にある胚芽（はいが）と呼ばれる部分が胚で、胚芽を除いた白米にあたる部分が胚乳である。私たちは種子の胚乳の栄養を食べているのである。

ところが、ソラマメの種子には胚乳がない。胚の一部である双葉がいっぱいに詰まっているだけだ。それでは、芽生えのときに必要な栄養源はどこから得るのだろう。

もちろん、ソラマメの豆にも栄養は詰まっている。ソラマメは種子にぎっしり詰まった双葉に栄養をためているのである。エネルギータンクを内蔵することで、限られた種子のなかのスペースを有効に活用し、体を大きくすることができるのである。マメ科の種子はどれもソラマメと同じように胚乳がない。

か弱い芽が生存の場を確保するまでが、植物の生長にとってもっとも過酷な時期である。少しでも体を大きくできれば、それだけ頑強になり、生き残る可能性が高くなるのだ。

しかも、ソラマメの双葉は、エネルギータンクの役割に徹しているため、種皮をかぶったまま開くことがない。そのため、ソラマメの種をまいても、双葉は地上に出ずに、いきなり本葉が現れる。

こうして芽を出したソラマメは、太陽の光をいっぱいに浴びて大きく育っていく。エンドウのようにマメ科の草本はつる植物が多い。つるで支柱や、ほかの植物に巻きつきながら伸びる植物は自分の力で立つ必要がないので、茎を丈夫にする必要がない。茎を頑強にするエネルギーを利用して、効率よく茎を伸ばしていくことができるのだ。

それでもソラマメは、支柱に身を寄せることなく自らの力で立つことを選んだ。ソラマメの茎をさわってみると、四角形をしていることに気がつくだろう。同じ断面積であれば、丸よりも四角のほうが風など横からの力に対して強さを発揮する。これが自立する道を選んだソラマメの工夫だ。さらには茎の一部を張り出させることで、茎を補強し、強度を高めている。何というけれんみのない生き方だろう。

ふつうの豆類の莢は下向きだが、ソラマメの莢は上向きにつく。空を向いているからソラマメなのだ。ソラマメの莢が指し示すほうを見ると、広大な空が広がっている。さんさんと輝く太陽、ゆっくりと流れていく雲、どこまでも澄み渡った青空。これがソラマメの莢の先にある風景だ。地上に芽を出したその日から、この広大な空を目指して実直に生長してきたのだろう。つねに天を指しているソラマメの志の高さを感じずにはいられない。

私たちはどうだろう。空を見上げるというたったそれだけの素朴な体験から遠ざかっていないだろうか。私たちも余計なことは考えずに、ソラマメのように天に向かってまっすぐに生きてみたいものだ。

# アスパラガス｜ユリ科

## 男たちよ、立ち上がれ

立てばシャクヤク、座ればボタン、歩く姿はユリの花。美しく可憐な女性は、よくユリの花にたとえられる。ユリといえば、花束に用いられるような豪華なユリの花を思い浮かべる人が多いだろう。しかし、ユリの仲間の植物は幅広い。じつはアスパラガスもユリ科の植物なのだが、少し風変りである。

アスパラガスがユリの仲間なの？　と思われるかもしれない。まるでツクシのような奇妙な姿は、ユリの花とは程遠いイメージである。しかし、ユリの球根を植えたときに地上に伸びてきた芽は、確かにアスパラガスによく似ている。

アスパラガスの茎についている三角形のものがアスパラガスの葉である。アスパラガスの葉は退化しているので、アスパラガスの芽を収穫せずにそのまま育てても葉が大きくなることがない。葉の付け根から、松葉のような細かな葉がたくさん出てきて生い茂るが、これは葉ではなく、枝が変化したものである。アスパラガスは茎のみで光合成をしているのだ。何とも変わった植物である。

ユリの花束のような豪華さはないものの、アスパラガスは世界中で高級野菜として扱われている。栄養価も高く、さまざまな有効成分を含んでいて、古くは薬草として用いられたという。アスパラガスが持つ代表的な有効成分の一つが、その名も「アスパラギン酸」である。アスパラギン酸は、疲れをとりスタミナをつけてくれるので、現代でも栄養ドリンクに使われて私たちを元気づけてくれている。

アスパラギン酸をたくさん含んでいるからというわけではないだろうが、アスパラガスはとても元気がいい。一本の株から芽が何本も生えてきて、取っても取っても土のなかからつぎつぎと芽を出してくるのだ。それも一度植えておけば、十年以上も収穫することができる。アスパラガスという名前は、もともと「たくさん分かれる」というギリシア語に由来するくらいだ。

つぎつぎに芽を出すことができる秘密は土のなかにある。土のなかに細い芋のような貯蔵根があって、エネルギーを蓄えているのだ。種子をまいてから二年間は芽が出てきても、収穫しないでしっかりと育ててやる。人間にとっては、ここが我慢のしどころである。そんな気持ちに応えてか、アスパラガスは着実に生長を遂げながら、根に栄養分を蓄積していく。そして、三年目、十分に力を蓄えたアスパラガスは恩返しをするかの

41　アスパラガス

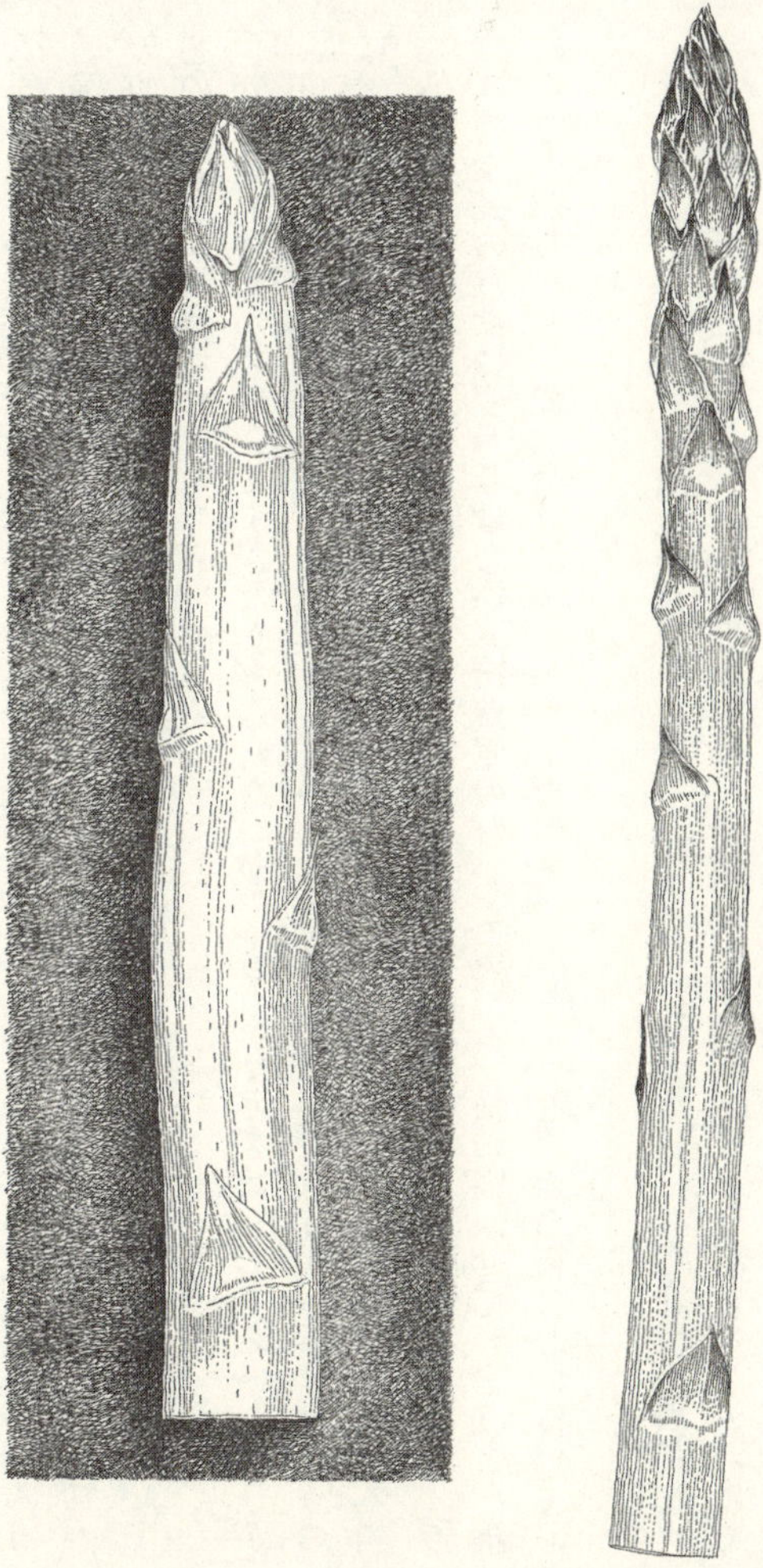

ように、その後、つぎつぎに芽を出すのである。やはり蓄積が必要なのだ。「石の上にも三年」というが、やはり三年くらいの蓄積がないと大成しないということなのだろう。

育ててもらっているうちに力をつけて、三年目からはしっかり恩返しをする。アスパラガスのこの孝行ぶりはどうだろう。親に仕送りをしてもらいながら遊びほうけている巷の大学生に見習わせたいくらいである。

少しアスパラガスを立てすぎたかもしれないが、アスパラガスは立てておいたほうがいいというから、ちょうどいいだろう。もっとも「立てておいたほうがいい」というのは、冷蔵庫で保存するときの話である。アスパラガスはまだまだ、若い芽である。本当ならこれから上へ上へと生長しようという伸び盛りなのだ。収穫された後も、アスパラガスの生長の意欲に変わりはない。冷蔵庫のなかとはいえ、横に寝かせてしまうと、縦に立ち上がろうとして、余計にエネルギーを消耗してしまう。だから縦にして置いておく必要があるのだ。

ところで、アスパラガスには雄株と雌株とがある。「歩く姿はユリの花」は女性をたたえる形容だが、アスパラガスの世界では、逆に男が尊ばれる。男女差別をするわけではないが、アスパラガスは雄株のほうがよいといわれているのだ。雄株は実をつけないので、エネルギーの消耗が少なく、太い芽をたくさん出すことができる。ところが、花が咲くまでは雄株か雌株か判別できない。そのため、少しでも雄株の比率が高くなる品種を育成しようと努力が続けられている。

さらに画期的な方法も考えられている。雄株と雌株は染色体の組み合わせによって決定する。そこで、染色体を操作しようという試みが行われているのだ。

アスパラガスの雌雄を決定する染色体には、Ｘ染色体とＹ染色体との二種類がある。雌株はＸ染色体を二つ持っている。つまりＸＸである。一方、雄株はＸとＹの染色体を一つずつ持っている。つまりＸＹである。雄株はＸ染色体の花粉とＹ染色体の花粉の、二種類の花粉を作る。そして、Ｘの花粉が受粉するとＸＸの雌株になり、Ｙの花粉が受粉するとＸＹの雄株になるのだ。そこで、このＹの花粉を組織培養してＹＹの株を作るのである。この株は超雄性株（ちょうゆうせいかぶ）と呼ばれている。まさに男のなかの男ということなのだ。この株を男親にしてＸＸの雌株と交雑すれば、必ずＸＹの雄株を得ることができるという寸法だ。

ただし、雌株の名誉のためにいえば、雄株のほうが優れているというのは、あくまでも収穫する人間の一方的な評価である。子孫を残すためには、雄株と雌株のどちらも欠かせない。そして種子を残すという植物として重要な使命を持った雌株は、花が咲き終わると、玉のように美しい赤い実を結ぶのだ。

それにしてもアスパラガスが超雄性株の登場で男を上げている一方で、人間の男はどうも軟弱になっているようにも思える。

アスパラガスには、土のなかで日光を当てずに育てた真っ白いホワイトアスパラガスと、日光を当てて育てた緑色のグリーンアスパラガスとがある。かつてアスパラガスというと、缶詰に入った白いホワイトアスパラガスが一般的だったが、最近では、緑色のグリーンアスパラガスが一般的だ。

悪ガキたちが外で泥まみれになって遊びまわっていた時代は、清潔感のある色白のアスパラガスに人気があり、男の子たちがすっかり軟弱になった現代では、逆に人々は野性味のある緑色のアスパラガスを好むようになったのがおもしろい。

世の男たちよ、せめてアスパラギン酸を含んだアスパラガスをもりもり食べて、ふたたび元気を取り戻そうではないか。

# タケノコ　筍（たけのこ）　イネ科

## 急生長の秘密

経済成長にしても、技術の発達にしても、著しい成長というのはとにかく喜ばれる。

著しい成長といって思い出すのは、タケノコだろう。タケノコの生長はとにかく早い。タケノコの先に上着を掛けて昼寝をしていたら、目が覚めたときには届かない高さまで伸びていたという笑い話もあるくらいだ。事実、タケノコは一日に一〜二メートルも伸びたという記録もあるから、それも決して大袈裟な話ではない。

なぜタケノコは、そんなに著しく生長することができるのだろう。

ふつうの植物は茎の先端に生長点があって、そこで細胞を分裂させながら少しずつ伸びていく。つまり生長点は一つである。ところがタケノコは、この生長点をいくつも持っているのだ。タケノコを縦に切ると、たくさんの節が詰まっている。この節に無数の生長点が密集した生長帯があって、一気に細胞分裂をして節と節の間を伸ばすのである。生長点を一つしか持たない植物が一センチ伸びたとすると、数十個の生長点を持つタケノコは、単純計算でも数十センチは伸びることになる。

竹はしっかりとした節目を持っていることからめでたいとされて、門松や地鎮祭などに用いられる。しかし、この節こそタケノコの生長の秘密でもあったのだ。

ほかにも秘密はある。タケノコは体内に「ジベレリン」という生長促進ホルモンを多く含んでいる。このジベレリンが細胞を刺激し、生長のスピードを早めているのである。

さらに、タケノコはまわりにある竹と地面の下の地下茎でつながっている。タケノコは「竹の子」の意味だが、本当は子どもではない。竹の新しい芽なのだ。栄養分を自分で稼がなければならない芽生えと違って、タケノコは地下茎を通じて豊富に栄養分を供給してもらうことができる。これも、タケノコが一気に生長できる秘密の一つだ。人が驚くような生長を遂げるためには、それなりの創意と工夫が必要なのである。

ところで、竹に花が咲くのは天変地異などの不吉な兆しといわれている。見たこともない竹の花が一斉に咲いたかと思うと、豊かだったはずの竹林が一斉に枯れ始めてしまうのだ。昔の人が気味悪がって凶事と恐れたのも無理はない。確かに竹に花が咲くのは珍しい。六十年あるいは百二十年に一度といわれているくらいだ。

しかし、恐れることはない。アサガオやヒマワリも花が咲けばやがて種子をつけて枯れる。竹も同じことである。竹は地面の下に広く地下茎を張り巡らしているので、広大な竹林のすべての竹が、地下茎でつながった一つの個体に由来していることも珍しくな

47　タケノコ

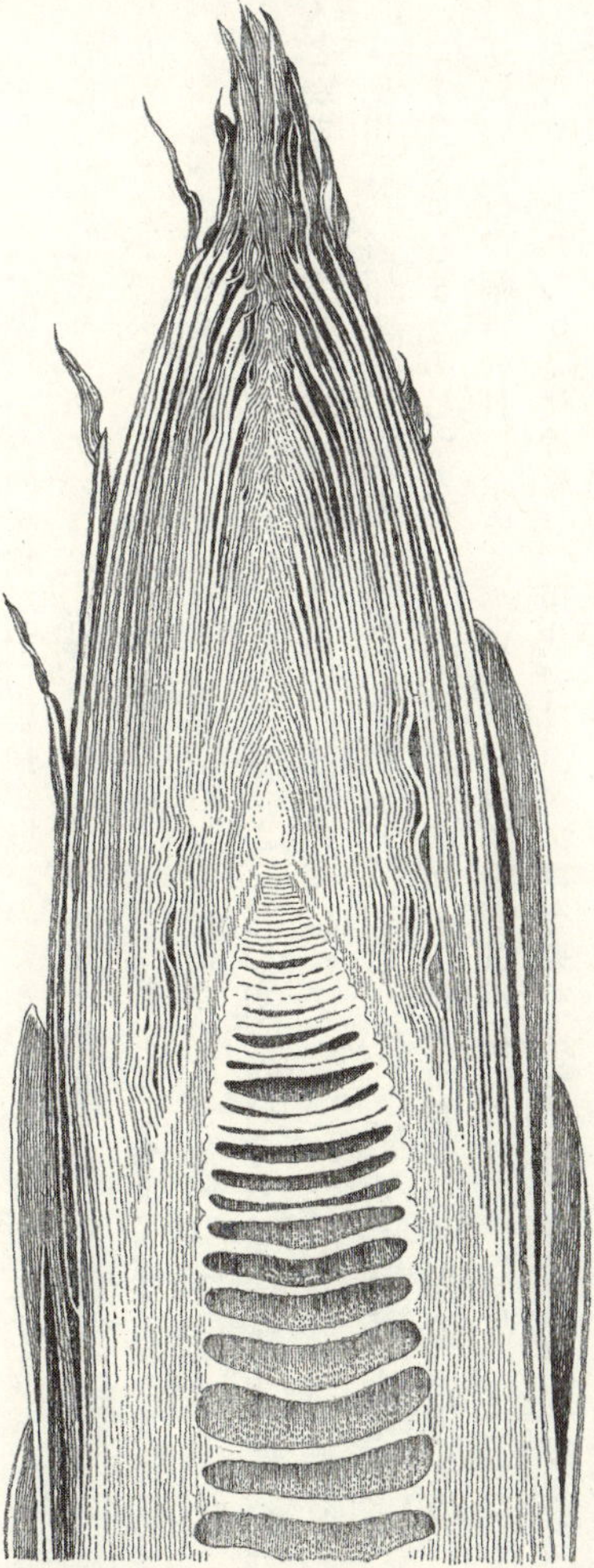

いのだ。竹林のすべての竹が一つの個体だとすれば、一斉に花を咲かせ、一斉に枯れるのも当たり前のことである。ただ、アサガオやヒマワリが一年で花を咲かせて枯れるのに比べると、竹は花を咲かせるまでの期間がおそろしく長いというだけのことだ。

タケノコはおいしい春の味覚だが、生長が早いので、あっという間に皮を脱ぎ去って竹になってしまう。タケノコの立場になれば、そんなにも大急ぎで生長するのは、食べられてしまわないようにということもあるのだろう。目の色を変えてタケノコを探すイノシシや人間から逃れるためには、少しでも早く伸びなければ危険なのだ。やわらかなタケノコを食べることができるか、見つからないうちに大きく生長することができるか、まさに、ここが勝負どころなのだ。

徳川五代将軍の綱吉は有名な悪法「生類憐れみの令」で、これから大きくなるタケノコを食べてしまうのはかわいそうだからと、タケノコ掘りを禁止してしまったという。逆にいえば、綱吉の目に余るくらいタケノコ掘りが盛んに行われていたということなのだろう。ところが時代は移り、現代ではタケノコを掘る人もずっと少なくなった。さらに、昔はザルやカゴなど、生活に必要なものの多くは竹から作っていたが、それもすっかりプラスチック製品に取って代わられ、竹を切る人もほとんどいなくなってしまった。

竹やタケノコが安心して暮らせる時代がやってきたのである。

しかし、その結果はどうだろう。じつは今、その竹が各地で猛威を振るって問題になっている。竹はみるみる広がり、山という山は竹に覆い尽くされようとしているのだ。

本来、竹林は傘をさして歩けるくらいの間隔にあるのがよいといわれてきた。昔はタケノコを掘り、竹を切ることで、増えすぎるのを防ぎながら、竹の密度をコントロールしていたのである。もちろん人々は自然のバランスを保つために竹を切っていたわけではない。ただ、タケノコを食べ、竹製品を利用して暮らしていただけである。

自然との共存などという現代のそらぞらしい言葉を持ち出すまでもなく、昔の人々がごく自然体で、自然と調和した暮らしを実践していたことに感服させられる。採り尽くしても自然は失われる。逆に採らなくても竹がほかの植物を圧倒し、山の自然は失われてしまう。この竹と人との絶妙なバランスこそが、長い長い時間をかけて培われた、自然と人間との距離感なのだろう。

現代では、人々は著しい高度成長に酔いしれながら、タケノコを掘り竹を切ることを忘れ、タケノコもまた著しく生長して山々を荒らしていく。どうやら人もタケノコも、本来のあるべき姿を思い出せずにいるようだ。

春、掘りたてのやわらかいタケノコを食べる。これこそ人にも自然にもやさしい暮らし方ではなかろうか。

50

# ゴボウ

牛蒡　キク科

## 泥まみれの英雄

電車のなかで大人がマンガを読んでいるのは日本人だけだとか、大学を出ても英語もろくにしゃべれないのは日本人だけとか、不名誉な悪口をいわれている日本人の尊厳を、ゴボウに回復してもらうことにしよう。

世界広しといえども、ゴボウの根に価値を見出し、野菜として一般的に食べているのは日本人だけである。もちろん、ゴボウが日本にしかないというわけではない。ゴボウはヨーロッパ原産で、北半球の国々に広く分布しているグローバルな植物である。

ゴボウの根を掘ってしまう日本ではゴボウの花を見る機会は少ないが、海外ではゴボウは花のほうが知られている。ゴボウはキク科の植物で、紅色のアザミのような花を咲かせるのだ。キク科の花は、花びらの形をしている舌状花と、筒状の管状花とから形成されている。コスモスやヒマワリの花では花びらの部分が舌状花、中心の花芯の部分が管状花である。タンポポの花はすべて舌状花からできているのに対して、ゴボウやアザミはすべて筒状の管状花である。

51　ゴボウ

花が知られているどころか、ゴボウの花には花言葉まである。もっとも、その花言葉は「しつこくせがむ」だから、あまりロマンチックとはいえない。ありえないだろうが、間違っても女性にプロポーズするときにゴボウの花を渡すことだけはやめておこう。

この花言葉の由来は、ゴボウの実には刺があって衣服などにくっつきやすいからだろう。ゴボウの実は、この刺で人の衣服や動物の毛にくっついて種子を遠くまで運ばせる。あまりにしつこいので、中国では「悪実」と呼ばれて嫌われているし、アメリカでは家畜にくっついて広がり、今では牧草地の雑草としてすっかり厄介者扱いされている。

日本では花が咲く前に収穫してしまうのでゴボウの実を見る機会は少ないが、ひっつき虫の別名で知られるオナモミの刺もゴボウと同じ構造をしているので観察してみよう。

ゴボウやオナモミの実を虫眼鏡で見ると、無数にある刺の先端は、釣り針の先のように曲がっている。この鉤爪（かぎづめ）が衣服にひっかかるのである。昔の子どもたちはオナモミと同じように、ゴボウのつぼみや実を投げ合って遊んだという。

しかし、ゴボウの実よりもしつこい人がいた。スイスの発明家デ・マエストラルは、狩りに出かけたときに衣服についたゴボウの実を不思議に思い、しつこくその謎に迫った。そして、ゴボウの実の刺の構造をヒントにマジックテープを発明したのである。運動靴やおむつカバーに利用されているマジックテープを虫眼鏡でよく見ると、ゴボウやオナモミの刺と同じく、先端が釣り針のように曲がっているのがわかるだろう。

デ・マエストラルはゴボウから偉大な発明をしたが、西洋人はゴボウの根を食べることまでは思いつかなかった。「飛ぶものは飛行機以外、四本足は机以外、何でも食べる」と評される中国人でさえ、ゴボウの根や葉を薬用植物として利用することまでは考えたものの、ついに根を食べることまではしなかった。それを、われわれ日本人の祖先は独特の風味を楽しむ野菜として見事に仕立て上げたのである。

日本人が作り上げたすばらしい食文化。しかしその後の歴史において、このゴボウが悲劇を起こすことになろうとは、誰も想像しなかっただろう。第二次大戦中に野菜不足を補おうと連合軍の捕虜にゴボウを食べさせた収容所の職員が、終戦後の戦犯裁判で、固い木の根っこを食べさせたという捕虜虐待の罪で死刑や終身刑に処せられてしまったのである。

まさに文化の違いが引き起こした悲劇というほかない。平安時代には宮廷料理にも使われていたというゴボウである。木の根っこ扱いされては、ゴボウの面子（メンツ）にも泥を塗られてしまったことだろう。

もっともゴボウは、泥を塗られるのもそんなに嫌いではない。収穫のしやすさから砂質の場所で栽培されることが多いゴボウだが、本当は粘土質のほうが適しているのだ。

泥好きで気があったわけではないだろうが、ゴボウとドジョウはとても相性がいい。柳川鍋やドジョウ汁には、必ずゴボウが入っている。ドジョウ料理にゴボウを入れるのは、ドジョウの臭みをとるためである。アクの強いゴボウだが、ドジョウの臭みに対しては消臭効果を発揮するのだ。柳川鍋に入れるゴボウは、鉛筆を削るように「笹がき」にする。斜めに切ると表面積が大きくなるので、笹がきにすると、ゴボウに含まれる消臭成分をより多く染み出させることができるのである。

一方、金平（きんぴら）ごぼうを作るときには、ゴボウを縦に切る。タマネギでも紹介したように、植物の細胞は縦に並んでいる。そのため、横に切ると細胞はバラバラになり、やわらかい食感になるが、縦に切ると細胞どうしがくっついたままなので固い食感になる。金平ごぼうが固いのはそのためだ。

金平ごぼうの名前は、金太郎で知られる坂田金時（さかたのきんとき）の子として浄瑠璃に描かれた怪力の持ち主・坂田金平の名に由来するという。「金平」は強くて丈夫なものの代名詞だったのだ。ちなみに、父親の金時はサツマイモやアズキ、ニンジンなど、さまざまな作物の品種にその名が残っていて、坂田金時と金平は親子二代で活躍している。

武勇にすぐれた英雄の名を譲り受けたゴボウ。固くてまっすぐなこの野菜は、失われかけた日本人の尊厳を持ち続けているのかもしれない。

# カボチャ

南瓜（かぼちゃ）　キク科

## 能ある瓜（うり）は爪（つめ）を隠す

女の子なら誰でも憧れるシンデレラの物語。継母や姉たちにいじめられたシンデレラを、お城の舞踏会へ連れて行ってくれたのがカボチャの馬車である。

日本では「ドテカボチャ」や「カボチャ野郎」と悪口に使われるカボチャだが、魔法使いの魔法によって世界中の女の子たちの憧れになった。まさにシンデレラだけでなく、カボチャにとってもサクセス・ストーリーである。

シンデレラとカボチャは苦労を乗り越えて、たくましく生き抜いてきた点がよく似ている。カボチャの生きざまは、じつにたくましい。畑の隅に生ゴミとして捨てられたカボチャが、芽を出して雑草のように生い茂っている光景をよく見かける。ゴミを埋め立てた東京湾の夢の島では、カボチャが雑草化して群生しているらしい。

雑草のような強靭さは放浪の旅で身につけたのだろうか。カボチャは世界中を渡り歩いている。

カボチャのふるさとはメキシコ南部であるといわれている。コロンブスの新大陸発見後、カボチャはヨーロッパに渡り、中国やカンボジアなどを渡り歩いて日本にやってきた。これが日本で昔栽培されていた日本カボチャである。

カボチャの名はカンボジアに由来している。漢字で書くと南方から来た瓜を意味する「南瓜」だ。さらには「南京（なんきん）」という呼び名もある。南京というのは中国南部の都市の名だ。そうかと思うと「唐（とう）ナス」という別名もある。唐というのは昔の中国である。カボチャはいったいどのような旅をして日本にたどりついたのだろう。

最近では、日本カボチャは少なくなり、栽培されている多くは西洋カボチャである。西洋カボチャは、原産地のメキシコから古い時代に南アメリカに渡って改良された。西洋カボチャも大西洋を渡ってヨーロッパに伝えられたが、ふらふらと柴又に帰ってきたフーテンの寅さんよろしく、ふたたびアメリカ大陸に戻ってきた。そして、今度は太平洋を渡って日本にやってきたのである。カボチャの旅の経路は複雑で、世界狭しと渡り歩いたといえるだろう。

カボチャはもともと熱帯原産の野菜なので、日本での旬は夏である。ところが昔から、「冬至にカボチャを食べるとよい」といわれてきた。冬至といえば、夏とは正反対の真冬である。なぜ日本では、真冬にカボチャを食べるのだろう。四季折々の季節感を大切にしていたはずの日本人にしては、どうにもトンチンカンな風習ではないか。

57　カボチャ

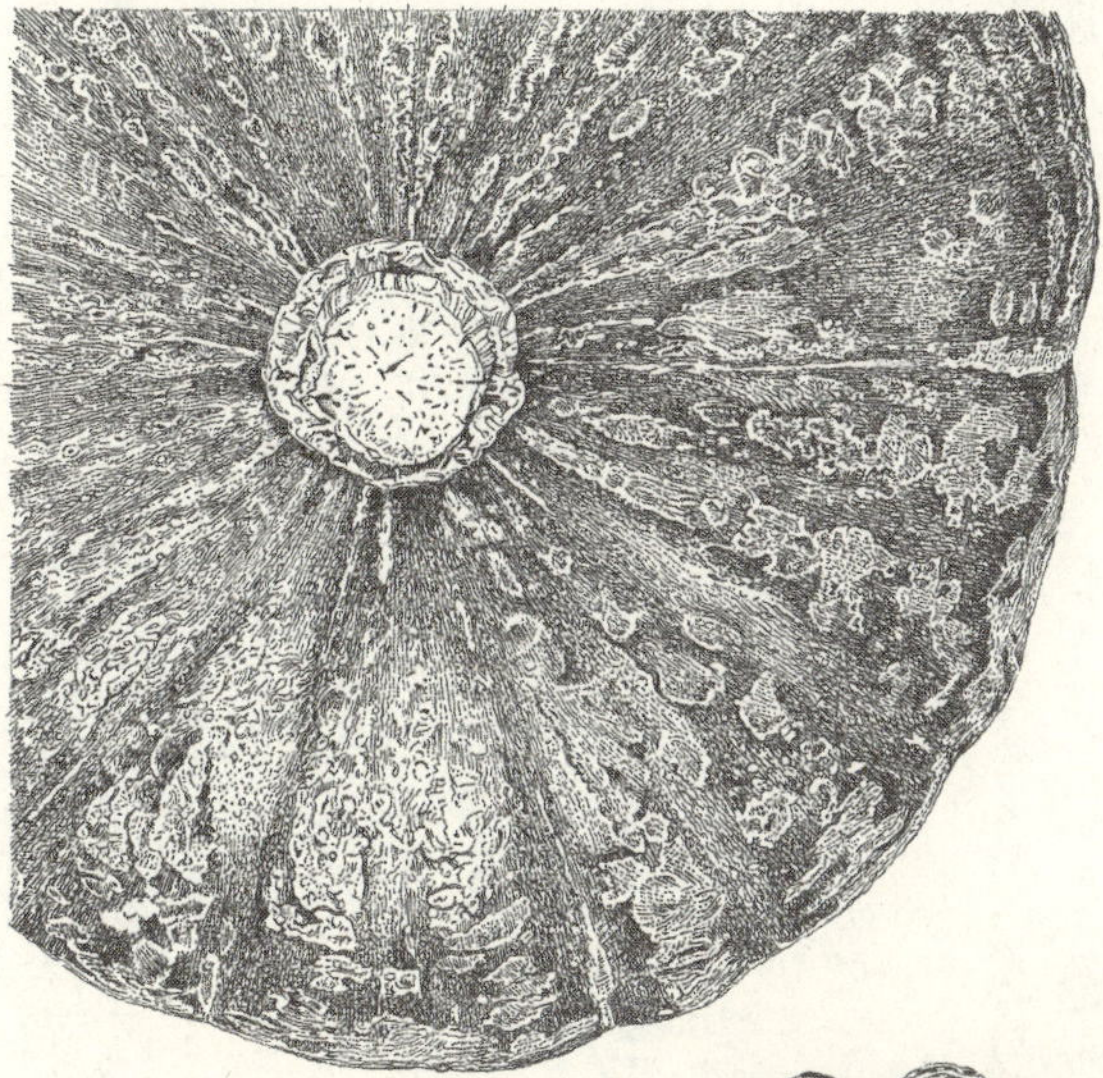

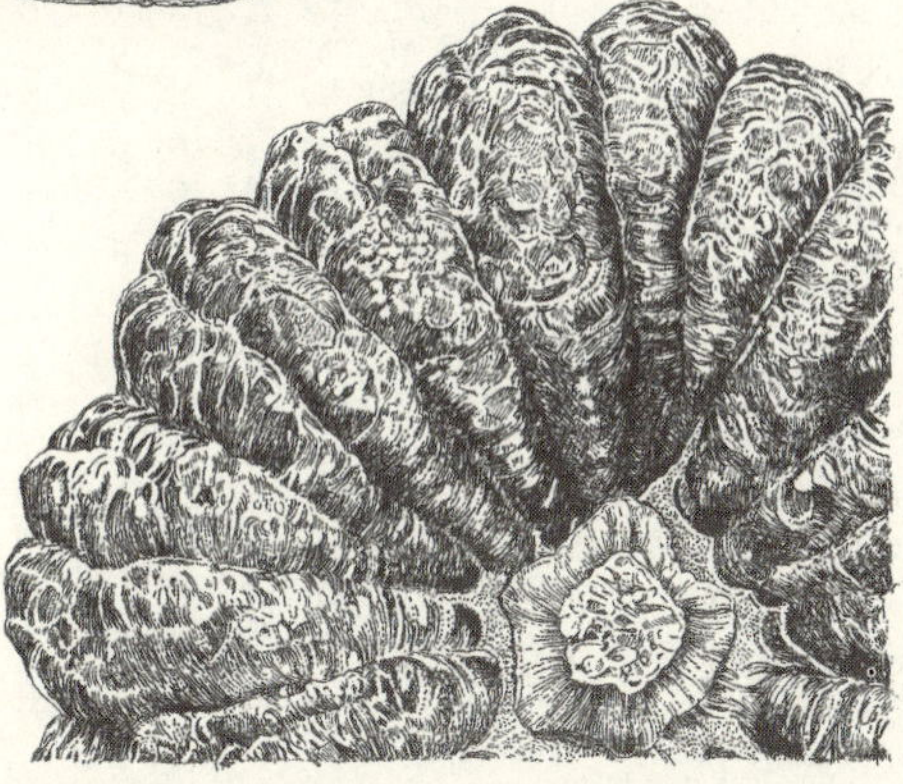

　これにはもちろん理由がある。カボチャは保存が利くので、夏に収穫したカボチャを冬至まで取っておくことができる。一年中、野菜が豊富に食べられる現代と違って、昔は緑黄色野菜を冬場に食べることは難しかった。そこで、ビタミン類の豊富なカボチャを食べて、厳しい冬を乗り切ろうとしたのである。冷蔵庫もなかった時代に保存の利くカボチャは、まるで夏の太陽の恵みを詰め込んだ缶詰のような存在だったのだ。冬至にカボチャを食べるのは、何とも理にかなった先人の知恵なのである。

　一年中、野菜が豊富に食べられる現代でも、冬至にカボチャを食べる習慣は残っている。もっとも現代の店頭に並んでいるのは、季節が日本と反対の南半球から輸入された、とれたての旬のカボチャである。半年間保存した日本のカボチャがいいのか、地球の裏側でとれた新鮮なカボチャがいいのか、冬至のカボチャの風習は何とも複雑になった。

　先人の知恵といえば、よく似た漢字の「瓜（うり）」と「爪（つめ）」を、「瓜（うり）に爪（つめ）あり　爪（つめ）に爪（つめ）なし」と覚えたものだ。ところが、何という偶然だろう、ウリ科のカボチャには本当に爪があるのである。

　カボチャの爪を見るためには、種子をまいてみなければならない。カボチャを食べるときに種子は捨ててしまうが、捨てずにまいてみることにしよう。カボチャの果肉には種子の発芽を抑制する物質が含まれているので、種子についた果肉はよく洗う必要がある。

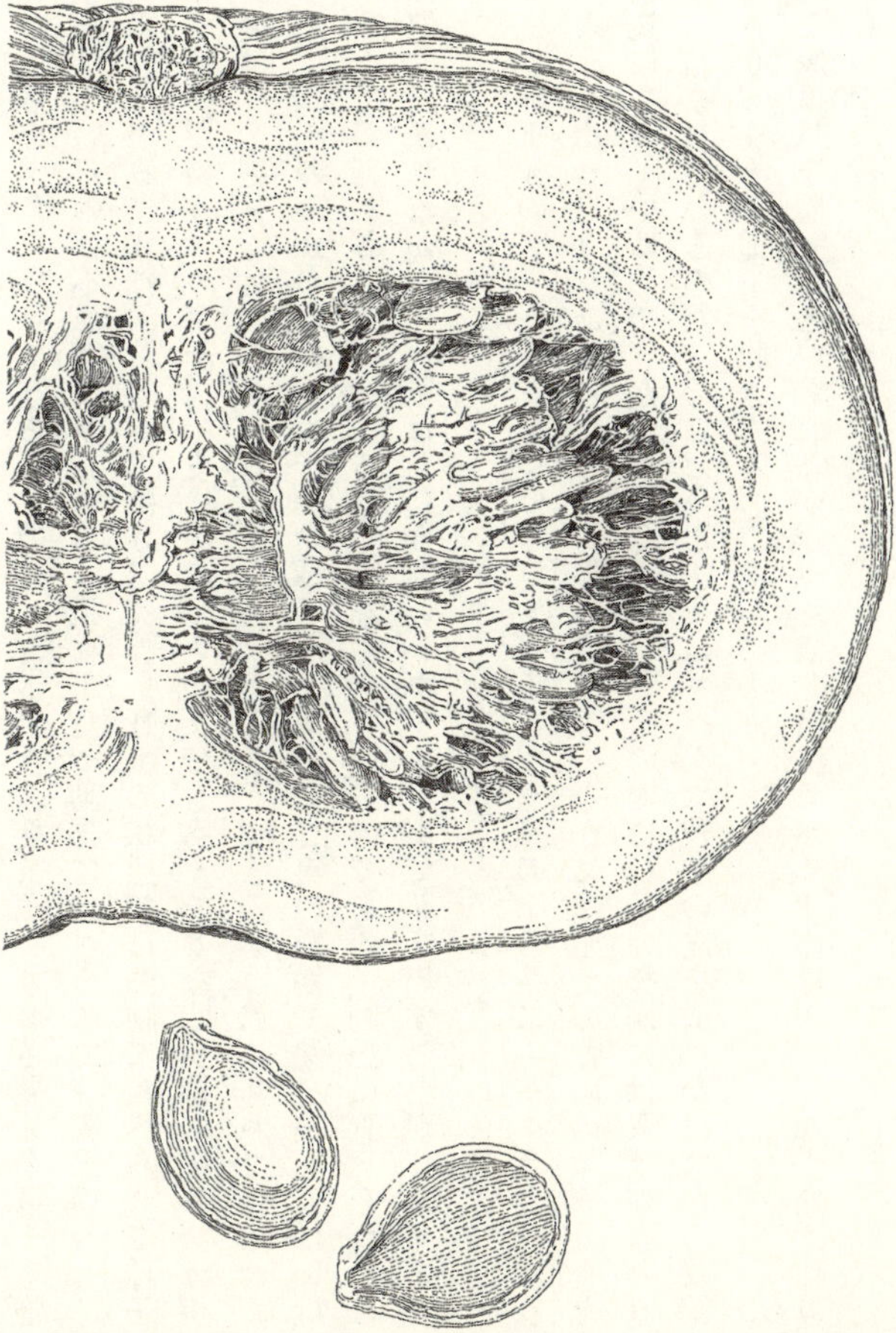

これから芽を出さなければならないのに、カボチャの種子がわざわざ発芽を抑える物質に守られているのは不思議な気もする。果物が鳥や動物に食べられて、糞といっしょに種子を散布するように、おそらくはカボチャも野生の状態では動物に食べられて種子を散布するのだろう。カボチャの皮は固く、いつまでも腐ることなく長持ちする。カボチャの実は、辛抱強く食べられる日を待ち続けることができるように作られているのだ。ところが、状況のわからないカボチャの種子が、あわてて実のなかで芽を出してはいけない。そこでわざわざ発芽を抑えるしくみを備えているのである。動物に食べられれば果肉は取り除かれるから、種子はちょうどいいタイミングで芽を出すことができるというわけだ。

さて、カボチャの芽生えを気をつけて見てみると、双葉の下の茎に「ペグ」と呼ばれる爪のような出っぱりがある。ウリ科の植物は双葉のなかに芽生えのための栄養分をためる構造になっているので、双葉が厚く大きい。そのため種子のなかには双葉がぎゅうぎゅうに詰まっているのだ。そこでカボチャは、ペグに種子の皮を引っかけながら双葉を展開させ、うまく種子を脱ぎ去るのである。

「能ある鷹は爪を隠す」といわれるが、爪を隠し持つカボチャの能力も、なかなか侮りがたいものである。

# シソ

紫蘇（しそ）　シソ科

## 鮮やかに蘇れ（よみがえれ）

「ヒロインの命を救うためには、あの険しい山に生えている伝説の薬草（やくそう）を取ってこなければばならない」――ドラマや映画でときどき見られるシーンだ。薬草さえあれば命は助かる。しかし、それ以外に手だてはない。何とも都合のよい設定だ。しかし、主人公はその言葉にしたがって危険な冒険に出発させられるのである。

まあ、しょせんはおとぎ話、と思っていたら、伝説の薬草は私たちのごく身近に存在していた。それがシソである。シソは漢字で「紫蘇（しそ）」と書く。昔、食中毒にかかって今にも死にそうな少年に、旅の医者が持ってきたシソを煎じて飲ませたところ、たちまちのうちに死の淵から蘇ったのだという。シソは、この中国の伝承にもとづいて「蘇る」という名前がつけられたのだ。もちろん、シソは薬効成分を多く含んでいるので、伝説の薬草は私たち疲れた現代人を、日々元気に蘇らせてくれる効果もある。

シソには、青ジソと赤ジソとがある。不思議なことに、赤ジソは葉も茎もすべて赤紫色である。そもそも植物の葉が緑色をしているのは、光合成を行う葉緑体を持っているためである。ところが、赤ジソはまったく緑色をしていない。まさか、赤ジソは光合成をしていないのだろうか。だが、赤ジソの葉からアルコールなどで赤紫色の色素を抽出すると、葉の色が緑色になってくる。つまり、緑色の葉緑素は持っているのだが、赤紫色の色素が強すぎて見えないだけなのである。

赤ジソの鮮やかな赤紫色の色素は、「アントシアン」である。アントシアンはもともと植物の体を守るための物質だ。植物は日々、病原菌からの攻撃を受けている。そのとき、防衛のために植物が作り出すのが活性酸素である。私たちの生存に欠かせない酸素だが、あらゆるものを錆つかせてしまう酸素は、毒性を持っている。この酸素を化学反応が起こしやすいように変化させて毒性を高めたものが活性酸素なのだ。植物はこの活性酸素で病原菌を攻撃して、身を守っている。ところが、多すぎる活性酸素は植物自身にも毒なので、植物は活性酸素を除去するための物質も持たなければならない。アントシアンはこの活性酸素を除去する物質の一つなのである。さらにアントシアンは、抗菌作用や紫外線から身を守る役割も担っている。

アントシアンはもともと植物の体を守るための物質だが、鮮やかな紫色が特徴的である。そこで多くの植物はこのアントシアンで体を色づけることを考えた。花粉を運ぶ虫を花に呼び寄せたり、果実を食べさせて種子を運ばせる動物や鳥の注意を引きつけるた

63　シソ

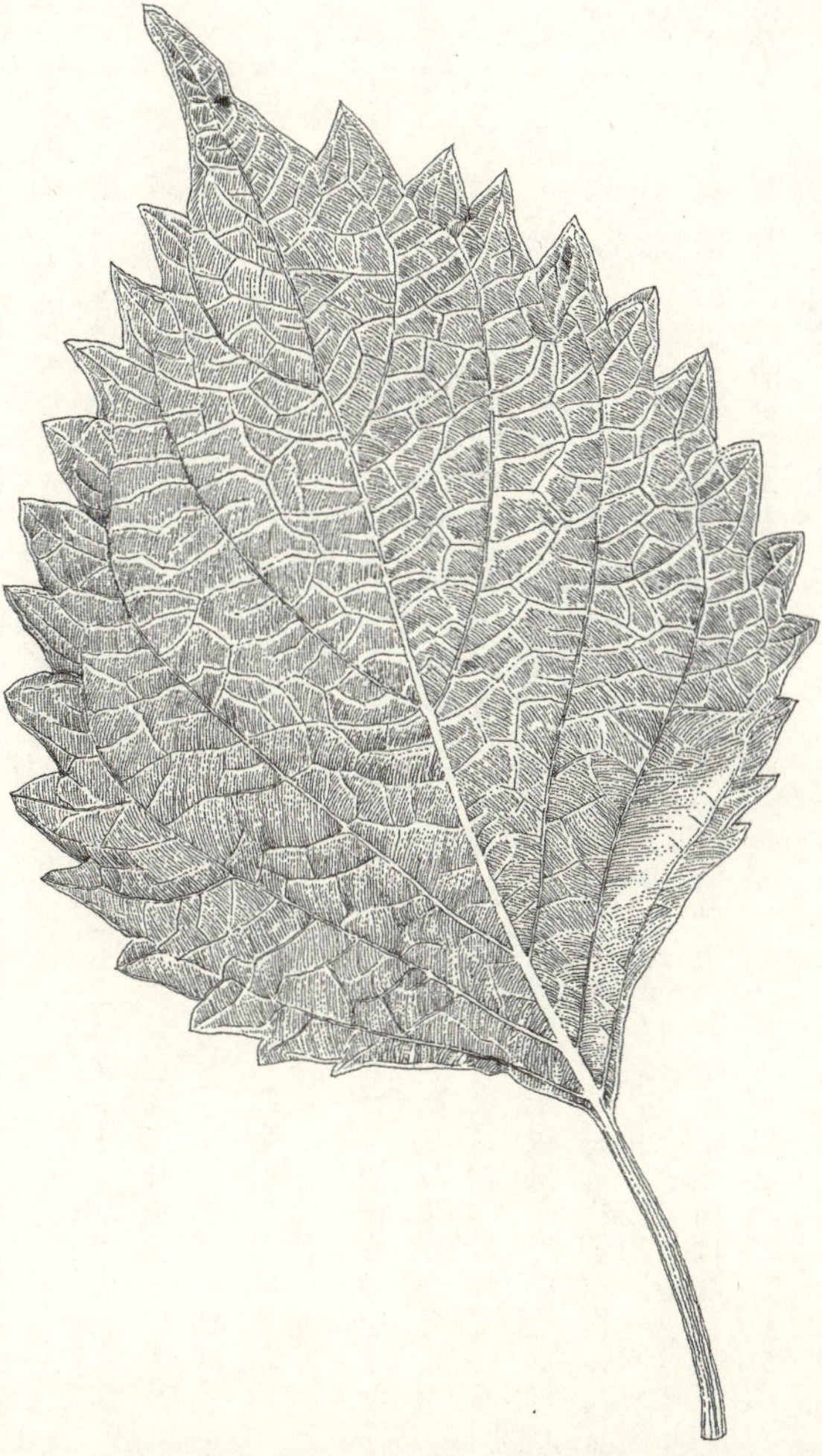

めにアントシアンを使うようになったのである。バラの花の鮮やかな赤や、みずみずしいブドウの紫色もアントシアンのなせる業である。

私たち人間に日焼けを引き起こすメラニン色素も、もともとはアントシアンと同じように、紫外線から身を守るためのものである。ところがメラニン色素で体を色づけようと、せっせと日焼けサロンに通う人もいる。アントシアンと同じように解説すれば、「小麦色の肌で健康美を演出し、セックス・アピールを高めて、異性を引きつけるためにメラニン色素は使われている」のだ。

シソは独特の香りが魅力だが、この芳香成分「ペリルアルデヒド」も植物の身を守る物質である。ペリルアルデヒドには、抗菌効果や虫を寄せつけない除虫効果があるのだ。

ところが、これだけの防御策を講じているのに、シソの葉はよく虫に食べられている。シソの葉を食べるのはベニフキノメイガという芋虫である。この芋虫はどういうわけかシソを好んで食べる。その悪食ぶりはシソの葉の意図を上まわり、忌避物質を備えたはずの葉まで食べてしまうのだ。それだけではない。シソの葉には虫がつきにくいので、ライバルとなる他の虫や自分を襲う天敵も少ない。抗菌効果のおかげで雑菌はなく病気にかかる心配もない。清潔に保たれたシソの葉は、ベニフキノメイガにとって、じつに居心地のいい場所になってしまったのだ。

65　シソ

伝説の薬草もなかなか苦労しているようだが、シソの苦労はこれだけではない。
刺身のつまにシソの穂が使われることがある。このシソの穂を観察してみよう。
シソの穂はたくさんの小さな花が集まって出来ている。目を凝らして一つ一つの花を見てみると、花びらが上下についていて、まるで小さな口のように見える。シソ科植物のこの花は唇に似ているので、ズバリ、「唇形花（しんけいか）」と呼ばれている。シソはこの魅惑の唇で虫を呼び寄せるのだ。シソの花の口は、小さなハチやアブが入るのにちょうどいい大きさになっている。そして、上唇にあたる上の花びらの内側には雄しべと雌しべが隠されていて、蜜を求めて花の奥のほうへ体をもぐりこませる虫の背中に花粉をつけてしまう。小さな花だが、巧妙な工夫が隠されているのだ。

茎をさわってみるとどうだろう。植物の茎の断面は丸いものが多いが、シソの茎の断面を見ると四角い。これはシソだけでなく、ハーブのミント類や雑草のホトケノザなど、シソ科の植物に広く見られる特徴である。ソラマメのところでも紹介したように、同じ断面積であれば、丸よりも四角形のほうが風などの横からの力に対して強さを発揮する。そのことに気づいたシソが四角い茎を採用しているのである。

生きるためにシソは懸命に知恵を絞っている。シソを見ていると、生きるとはこういうことなのだと教えられる。人々はシソで蘇る。また一つシソに元気をもらったようだ。

# エダマメ

## 枝豆（えだまめ）　マメ科

## 熱き血潮で世界にはばたけ

ビールのお供といえば、何はなくともエダマメである。エダマメはアルコールの分解を助けるビタミン$B_1$やビタミンC、肝臓の負担を減らすメチオニンなどを含んでいるので、ビールとエダマメの組み合わせは理にかなっている。

もちろん、ビールのなかった昔からエダマメは食べられていた。エダマメは江戸時代に庶民の味として普及したという。往来では、背中にエダマメを背負った枝豆売りが売り歩き、買った人も道を歩きながら食べていたらしい。江戸の町のファストフードだったのだ。

東北地方では昔から「ずんだ」と呼んでいて、エダマメをすりつぶしたものを餅にまぶしたり、和え物にして食べる。輝くように鮮やかな薄緑色をしたずんだは、みちのくの初夏の緑を思わせる美しい食べ物だ。

もっとも、本当はエダマメという植物はない。エダマメは熟すとダイズになる。エダマメは正式には未成熟大豆と呼ばれているのだ。

ダイズは英語では「soybean」（ソイ・ビーン）という。ソイは醬油の意味だから、つまりは醬油の豆という意味である。日本発の名前なのだ。もともとの原産地が中国なので、ダイズは中国で広く栽培されているが、日本からアメリカに伝わったので、この名がついた。

醬油だけでなく、味噌や豆腐、納豆など、日本はダイズの食文化を花開かせた。日本人の主食であるコメは完全栄養食といわれているが、唯一、必須アミノ酸のリジンが不足している。このリジンを豊富に含んでいるのがダイズなのだ。日本が米食民族と自負できるのも、じつはダイズの支えがあるからこそである。

そんなダイズも現代の日本ではあまり栽培されなくなってしまった。いまや日本のダイズの自給率は一〇パーセントにも満たない。その一方で、味噌と醬油の国から海を渡ったダイズは、新しい土地でアメリカン・ドリームを手にした。現在では、飼料作物としての価値も見出され、ダイズは世界の主要作物として、広大なアメリカの大地を埋め尽くさんばかりに栽培されている。

しかし、今でもエダマメは日本が誇るべきものであろう。長い栽培の歴史を持つ原産地の中国でも、世界最大の生産量を誇るアメリカでも、ダイズをエダマメのような食べ方はしてこなかった。意外なことに、ダイズを未熟なまま食べるのは日本だけなのだ。

69　エダマメ

マメをゆでるだけというシンプルな料理が日本以外で考え出されなかったとは、何だか不思議である。

しかしアメリカでは最近、「EDAMAME」の名で人気を博しているし、日本向けのエダマメを生産するようになった中国などでもエダマメが食べられるようになりつつあるらしい。EDAMAMEは、今や国際語となりつつあるのだ。

エダマメの名は、昔、枝につけたままゆでたことに由来している。現代でもほかの豆はどれも莢で売られているのに、エダマメだけは枝のついた株のまま売られている。もっとも最近では、莢だけ取り外してネット袋に詰めて売られることも多くなった。食べられない枝や葉がついていても、燃えるゴミが増えるだけというわけなのだろう。しかし、エダマメが枝つきなのにはそれなりの理由がある。エダマメの莢を枝から取り外すと、食味が一気に低下してしまうのである。一方、枝や根がついたままだと食味の低下を抑えることができる。やはりエダマメは、昔ながらの枝つきに限るのだ。

このエダマメの株についた根をよく見てみると、小さなコブのようなものがたくさんついている。根の病気のようにも見えるがそうではない。じつは、エダマメと持ちつ持たれつの共存関係にある根粒菌(こんりゅうきん)と呼ばれるバクテリアが根のなかに居候しているのである。

根粒菌はエダマメの根のなかで、植物が光合成で作った糖分をもらって生きている。一方、根粒菌は空気中の窒素を取り込む特殊な能力を持っている。この根粒菌のおかげで、エダマメは窒素の少ないやせた土地でも生育することができるのだ。

根粒菌との共生は、マメ科の植物では広く見られ、レンゲやシロツメクサ、カラスノエンドウなどの野草でも観察できる。ただし、八百屋で買ってきて観察できるのは、枝つきの株のまま収穫されて、株のまま売られているエダマメだけである。

新鮮なエダマメの根粒を切ってみると、血がにじんだように薄赤色に染まる。もちろん、あなたの指が切れたわけではない。いわば、これはエダマメの血である。

私たちの血液が赤いのは、ヘモグロビンという物質を持っているからである。ヘモグロビンは体中の細胞に酸素を運ぶ役割をしている。じつはマメ科の植物は、私たちのヘモグロビンとよく似たレグヘモグロビンという物質を持っているのだ。

マメ科の植物が根粒菌と共生するには、一つだけ問題点があった。根粒菌のもつ酵素は酸素があると活性を失ってしまう。一方、根粒菌が空気中の窒素を取り込むには多大なエネルギーを必要とするが、エネルギーを生み出すためには十分な酸素が必要となる。この矛盾を解決するために、マメ科植物は酸素を効率よく運搬するレグヘモグロビンを身につけたのである。このシステムを完成させるまでには、まさに血のにじむような努力があったことだろう。

それにしても植物が血を持つなんて、ちょっと信じられないかもしれない。

しかし、植物の持っている葉緑素は、人間の血液中のヘモグロビンとよく似た構造をしている。ヘモグロビンは中央に鉄の原子を持っている。貧血のときに、レバーやホウレンソウなど鉄分の多い食べ物を食べるとよいのはそのためだ。一方の葉緑素は、鉄の代わりにマグネシウムの原子を持っている点が違うだけで、あとはヘモグロビンとまったく同じ構造である。たったこれだけの違いによって赤い血と緑色の葉っぱの色の違いが出てしまうのだから、本当に不思議だ。

私たちの赤い血潮が鼓動するように、植物たちは緑の葉緑素を輝かせている。生きるというエネルギーの根源には、植物も人間も大きな違いはないのではなかろうか。

何という生命の神秘。偉大な生命に、今夜はビールで乾杯だ。

# ナス

茄子(なす) ナス科

## なすがままの魅力

きれいなバラには刺があるといわれるが、野菜のナスにも刺がある。ナスのへたに、ときどき刺が出ることがあるのだ。これは、空気中の水分を得るためといわれているが、その昔、野生植物だったころに、動物に食べられないように身を守った名残りであるともいわれている。

そういえばナスの仲間に、その名もワルナスビ(悪茄子)という名の雑草もある。ワルナスビは体中を鋭い刺で覆って身を守っている。軍手をしていても痛くて触ることさえできない厄介な雑草だ。もしかすると、ナスも人間と出合って野菜になる前は、鋭い刺で身を守っていたのだろうか。

ワルナスビの刺以外にも、ナスの仲間はさまざまな身を守る術を発達させている。たとえば、ナス科のチョウセンアサガオは強い毒性のあるアルカロイドを持っている。強い中毒症状を起こすことから「きちがいなすび」の別名を持つくらいだ。タバコもナス科の植物だが、タバコの持つニコチンも、もともとは身を守るための毒性物質である。

また、ナス科野菜のトウガラシの辛み成分カプサイシンも病気や虫から身を守るための防御物質だ。なすびの語源は「中酸実（なすび）」だともいわれている。エグ味が強いことからこう呼ばれていたのだ。確かにナスはもともとエグ味があったらしいが、これも、もともとは食べられないように、身を守るためのものだったのかもしれない。しかし、人間に栽培されるようになって、身を守る武器であった刺やエグ味は必要なくなった。ナスは曲者ぞろいのナス科植物のなかでは、際立って癖のない野菜である。

ナスは、「おたんこなす」や「ボケナス」などと悪口によく使われる。こんなに人間に尽くしているのに、さんざんな言われ方をされてしまうのだから、ナスもたまには刺の一本も立てたくなろうというものだ。

しかし「おたんこなす」や「ボケナス」といわれたのも、ナスへの期待がそれだけ大きかったことの裏返しだ。なにしろナスは、かつては高価な野菜として珍重されていたのである。「一富士（いちふじ）、二鷹（にたか）、三茄子（さんなすび）」を初夢に見るとよいと伝えられている。富士山や鷹は、いかにも縁起がよさそうな感じもするが、なぜ三番目がナスビなのだろう。

この由来には諸説があるが、徳川家康が隠居をした駿河の国の高いものを並べたという説が有力だ。富士は日本一高い富士山、二番目は愛鷹山（あしたかやま）である。そして三番目にあげられたのが、初物のナスの値段なのである。つまり、高いに掛けたしゃれなのだ。

75　ナス

江戸時代、駿河の国では温暖な気候を利用して、ナスの促成栽培が盛んだった。そして、ついには馬糞や麻屑などの有機物の発酵熱で加温し、さらに株のまわりを油紙障子で囲うという現代のハウス栽培顔負けの方法で、夏の野菜であるナスの初なりを正月にまで早めたのである。それだけ手間をかければ当然、値段は高くなる。初なりのナスは一個一両といわれ、大名が賄賂に使うほど高価だったらしい。せめて夢の中では正月にナスを食べてみたいと庶民が願うのも、当然のことだったのだ。

「瓜のつるに茄子はならぬ」という諺もある。高級品のナスが瓜のつるになるはずはない。「蛙の子は蛙」と同じく、平凡な親からは優秀な子どもは生まれないという意味だ。

ところが、である。ナスの世界では、必ず優秀な子どもを生む技術がある。

かの有名なメンデルの実験を紹介しよう。メンデルが黄色い豆のエンドウと緑色の豆のエンドウを交配すると、黄緑色の豆ができたり、黄色い豆や緑色の豆ができたりはせず、すべてが黄色い豆のエンドウになった。黄色い豆の遺伝子AAと緑色の豆の遺伝子aaを交配してできた子どもの遺伝子は、必ずAaになる。このとき、黄色い豆の遺伝子Aは、緑色の遺伝子aに対して優性といって、Aとaの両方の形質があってもAが優先してあらわれ、黄色くなる。つまり、ある組み合わせで交配すれば、子どもの形質がすべてそろうのである。これは野菜生産にとっては、きわめて都合がいい。

さらに大文字のＡで示した形質が、収量が多い、病気に強い、といった優良形質だったらどうだろう。たとえばＡＡｂｂＣＣという遺伝子を持っている親とａａＢＢｃｃという遺伝子を持っている親とを交配すると、子どもの遺伝子はＡａＢｂＣｃとなる。つまり、Ａ、Ｂ、Ｃのすべてに優良な遺伝子を持つ優秀な子どもが必ず生まれるのだ。

この技術は$F_1$育種と呼ばれていて、野菜ではナスで最初に利用されたが、現在では多くの野菜で用いられている。産地から送られてきた野菜のダンボールに$F_1$と書いてあることがある。$F_1$といえばフォーミュラカーを連想させるが、もちろん産地から高速で直送したという意味ではなく、$F_1$育種で作った優秀な野菜ということをアピールしている。

残念ながら人間ではナスのようなわけにはいかない。両親のいいところも悪いところも合わせもった子どもが生まれることになる。やはり瓜のつるに茄子はならないのだ。

親と同じ轍は踏ませたくないと、口うるさく子どもをしつけても、結局、親とよく似た生き方をしてしまったりする。遺伝とは恐ろしいものだ。

「親の意見と茄子（なすび）の花は万に一つの仇（あだ）もない（無駄もない）」といわれる。ナスの花は咲けば必ず実になるように、親の意見も必ず役に立つという意味である。

ところが、ナスの花は人知れず落ちていて、実際にはムダ花が多いらしい。親の意見も似たようなものか。無駄な意見より「ナスがまま」が一番ということなのだろう。

# トウモロコシ

玉蜀黍（とうもろこし）　イネ科

## ——そして人間が生まれた

トウモロコシといえば、屋台の焼きトウモロコシを思い浮かべる方も多いだろう。香ばしいこげた醤油のにおいとトウモロコシの甘みがたまらない。

私たちが野菜として食べているトウモロコシは、未成熟のまま収穫するスイートコーン（甘味種）とよばれる種類である。その名のとおり、甘味が自慢のトウモロコシだ。トウモロコシの本来の甘みを楽しみたければ、鮮度にこだわる必要がある。トウモロコシは収穫後もさかんに呼吸を続けるので、糖分を消耗してしまう。トウモロコシの糖度は収穫した後、急激に低下し、わずか一日で半減してしまうのである。もぎたてのトウモロコシの味は格別だ。もいだばかりのトウモロコシを皮ごと炭火で焼き上げるのがトウモロコシの魅力を最大限に引き出す最高の贅沢である。

トウモロコシというとスイートコーンのイメージが強いが、トウモロコシにとって、それはほんの副業程度に過ぎない。トウモロコシの真価は、別にあるのだ。

世界でもっともたくさん栽培されている農作物は、トウモロコシである。スイートコーン以外にもさまざまな種類があって、各分野でさまざまな活躍をしているのだ。

たとえばトウモロコシはイネ、ムギと並んで世界の三大作物に名を連ねている。穀物としても重要な役割を果たしているのだ。未成熟なトウモロコシは糖分が多くて甘いが、やがてトウモロコシが熟すと糖分がデンプンに変化する。デンプンが多いトウモロコシは穀物としても価値が高いのである。メキシコのタコスはトウモロコシの粉から作るし、朝食のコーンフレークもトウモロコシが原料だ。映画館では欠かせないポップコーンはトウモロコシの「爆裂種」という種類から作られている。

さらにトウモロコシを食べるのは人間だけではない。じつは、世界で栽培されているトウモロコシの多くが、家畜の餌として利用されている。トウモロコシは収量が多く栄養価が高いので、家畜の餌としてもっとも重要な作物なのだ。

トウモロコシの役割はそれだけではない。さまざまな加工食品や工業製品の原料となる工芸作物としても活躍している。コーン油やコーンスターチ、バーボンウイスキーもトウモロコシを原料としているし、工業用のアルコールや糊も、トウモロコシから作られる。何と、かまぼこやビールにまでトウモロコシは入っているのだ。最近では、生分解性プラスチックやバイオエタノールの原料としても注目されている。トウモロコシの用途は広がる一方だ。野菜、穀物、飼料作物、工芸作物。こんなにも多くの顔を持つ植

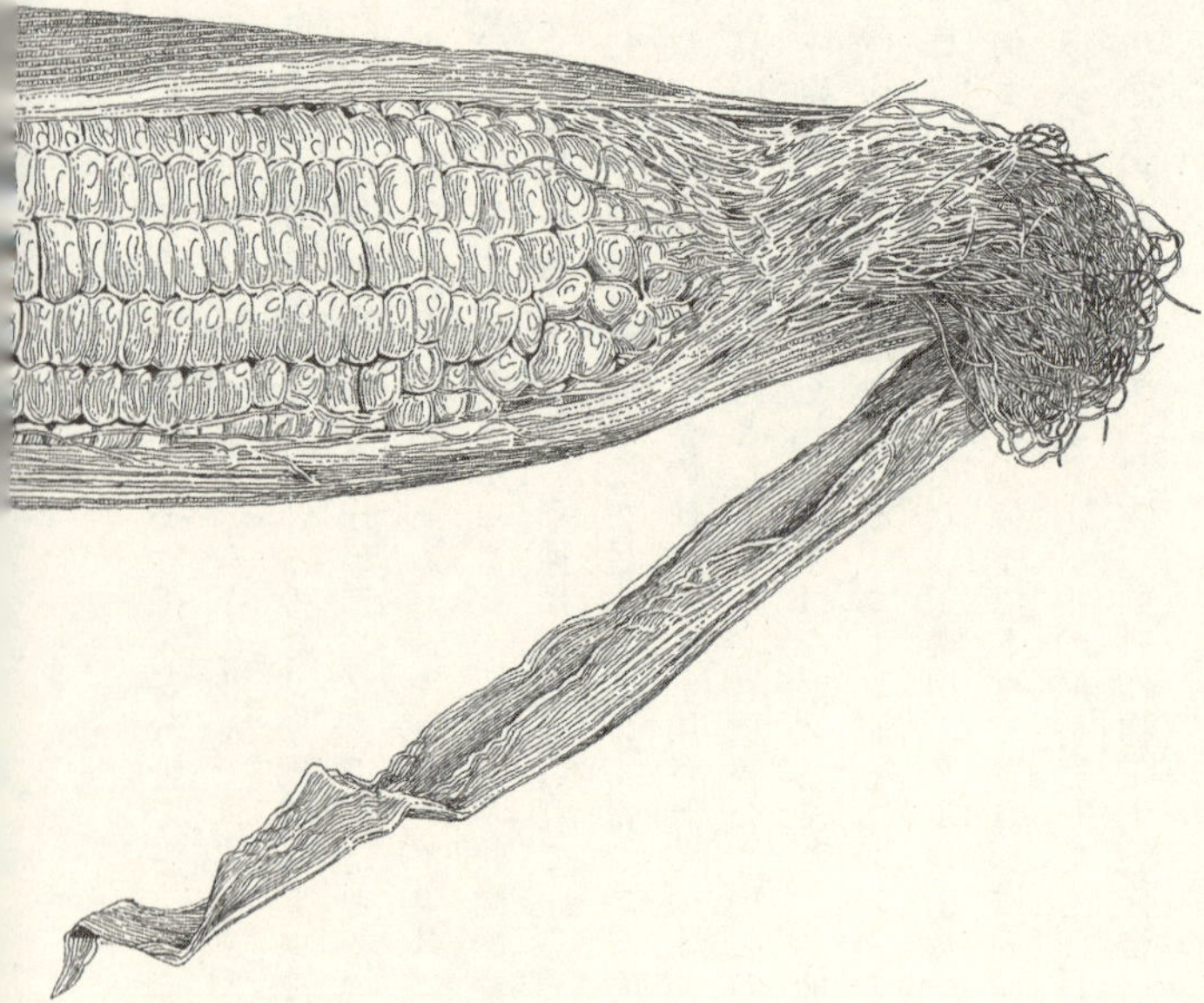

トウモロコシ

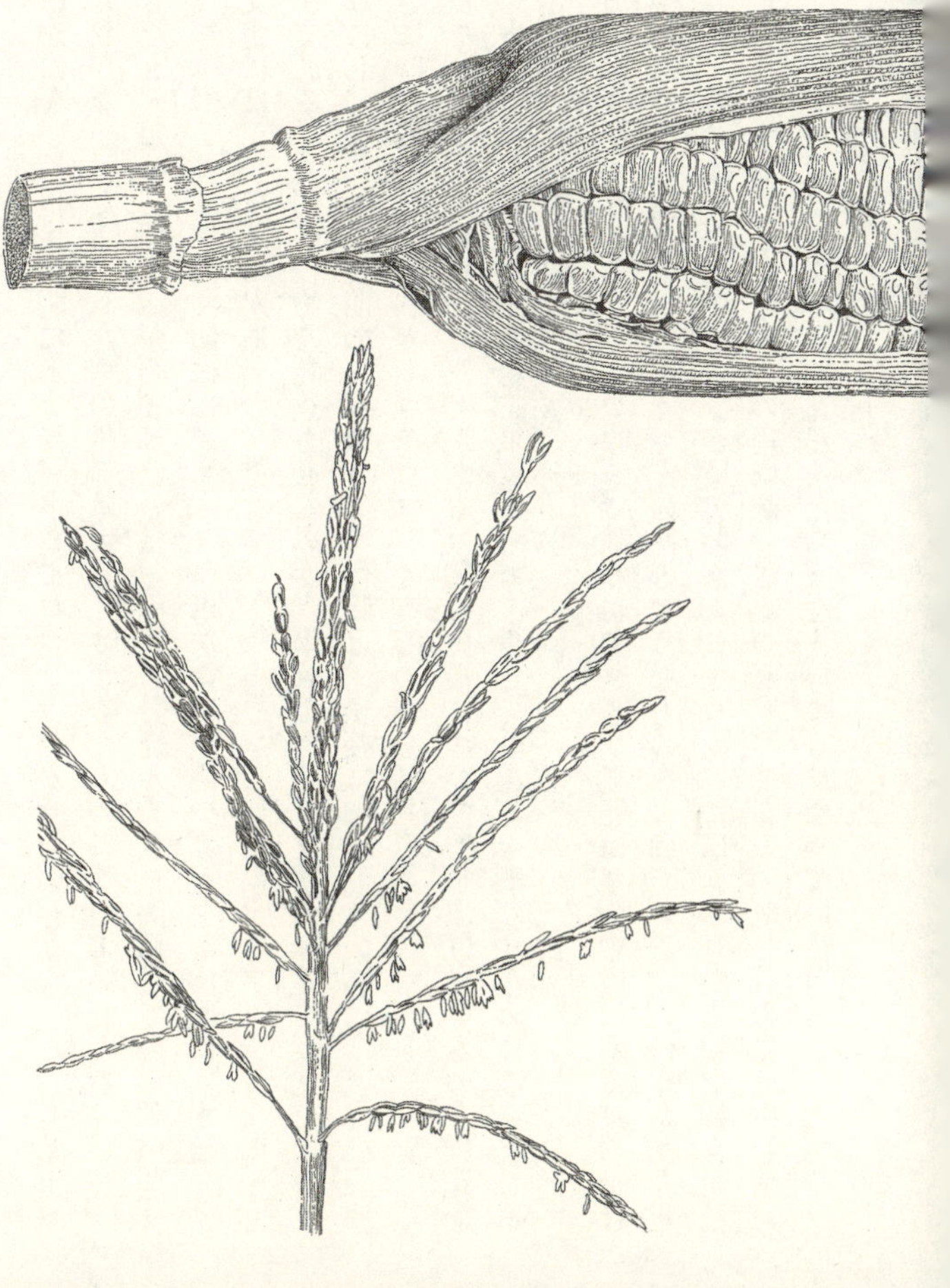

物はほかにない。現代文明にとって、トウモロコシは欠かせない存在なのだ。もしトウモロコシがなかったら、私たちの生活は大きく変わったものになっていただろう。

そもそも人類の文明生活が始まったのは、作物の発達と大きく関係している。中国文明にはダイズ、インダス文明にはイネ、メソポタミア文明やエジプト文明には麦類、インカ文明にはジャガイモがあった。そして、トウモロコシは中南米のアステカ文明やマヤ文明である。文明が作物を発達させたのか、優れた作物が文明の発達を支えたのか、いずれにしても、世界文明の発祥地と主な作物は、密接に関係している。

まさに時代の華というべきトウモロコシの実際の花を見てみよう。

トウモロコシには雄花と雌花とがある。茎の先端について穂を広げているのが雄花である。トウモロコシは風で花粉を飛ばすので、少しでも遠くへ飛ばすために高いところに雄花がついているのだ。

一方、私たちが食べるトウモロコシは雌花にできる。雌花は茎の中段にある葉の付け根についていて、絹糸（けんし）というたくさんの糸のようなものをつけている。この絹糸が非常に美しかったので、トウモロコシが新大陸からヨーロッパに伝えられた当初は観賞用植物として利用されたという。この絹糸が、雌花の雌しべである。雌しべの先は少しネバネバしていて、風で飛んできた花粉をとらえやすいようになっている。

ただし、茎の先端にある自分の雄花の花粉がこの雌しべにつくことはない。トウモロコシは雌花よりも雄花のほうが先に咲くようになっている。雌花が絹糸を伸ばして咲くころには、同じ茎の雄花は花粉を飛ばし終わっているのだ。こうして自らの花粉で受粉する近親交配を防いでいるのである。

雌しべの先端についた花粉は、ゆっくりと長い絹糸のなかを伸びていく。絹糸はトウモロコシの実のなかの粒につながっている。そこまで花粉が到達して、初めて受粉が起こるのである。そして、トウモロコシの実は結実していく。私たち人間は運命の人と赤い糸で結ばれているらしいが、トウモロコシの受精はこの美しい絹糸によって結ばれているのだ。

私たちが食べているトウモロコシの実についているもじゃもじゃした茶色いひげこそ、絹糸がしおれたものである。雌しべである絹糸の一つ一つは、それぞれトウモロコシの一粒一粒とつながっている。実際にはとても数えられないが、トウモロコシのひげの数を数えてみれば、粒の数と同じになるはずだ。

トウモロコシの黄色い粒は、いわずもがなトウモロコシの種子である。トウモロコシの実には、ときどき歯の抜けたように粒が欠けているところがあるが、これは受精がうまくできなかった名残りなのだ。私たちが野菜として食べるトウモロコシは未熟な種子なので発芽させることはできないが、熟した粒であれば芽を出させることもできる。ポップコーンの材料となるトウモロコシの種子がスーパーの食品売り場で売られているが、これは完熟しているので、水を入れた皿に置いておけば、やがて芽が出てくるだろう。

ほかにもトウモロコシを使って、おもしろい観察ができる。最近、よく売られているピーターコーンと呼ばれる品種は、黄色い粒と白い粒が混じっている。食べる前にこの黄色い粒と白い粒の数を数えてみよう。黄色い粒と白い粒の比は、ほぼ三対一になっていないだろうか。じつはこれが理科の教科書で習った、有名なメンデルの「分離の法則」である。

ただし、よくよく考えてみると、この現象には奇妙なことがある。受精によってできた赤ちゃんは、種子では胚と呼ばれる部分である。これは、トウモロコシの粒の根元の白い部分にある。胚を包み込んで保護しているトウモロコシの粒は、人間でいえばお母さんのお腹のような存在だ。粒の色が遺伝の法則で変化するということは、父親の遺伝子が子どもばかりか、母親のお腹にまで影響を与えているということなのだ。

当然のことながら、人間ではそんなことは起こりえないが、植物ではこういうことが起こる。人間の精子は一つの核を持っていて、卵子と受精する。ところが、植物の花粉は核を二つ持っている。一つは通常の受精をして赤ちゃんである胚を作るが、もう一つは別の受精をして赤ちゃんのミルクになる胚乳という栄養源を種子のなかに作るのだ。「キセニア」と呼ばれるこの奇妙な現象のせいで、父親の遺伝子が影響して黄色や白色の粒ができるのである。

マヤの伝説では、神々がトウモロコシを練って人間を創造したといわれている。日本ではほとんど見られないが、トウモロコシには黄色や白だけでなく、紫色や黒色、橙色などさまざまな色がある。そのため、トウモロコシから作られた人間も、さまざまな肌の色を持っているのだという。

かつて肌の白いスペイン人が肌の黄色い中南米の文明を侵略し、肌の白いアングロサクソンがネイティブ・アメリカンを迫害した。遠くアフリカから連れてこられた肌の黒い人々は重労働を強いられながらトウモロコシを作った。トウモロコシはそんな新大陸の歴史をどう見ていただろう。しかし、現代では肌の白い人々も、黄色い人々も、黒い人々も、偏見と差別のない平和な世の中を築こうと努力している。

マヤの人々がこんなにも多様な世界の人種を知っていたとは思えないが、トウモロコシの歴史はまさにマヤの伝説のとおりだ。

トウモロコシにとっても人間にとっても、平和な繁栄が続きますように——トウモロコシから人間を創造した神々は、きっとそう願っていることだろう。

# トマト

蕃茄（ばんか）　ナス科

## トマトが一年中赤い理由

「トマトってかわいい名前だね」と童謡「トマト」で歌われるトマト。真っ赤に染まったかわいらしい果実は、誰からも愛されている。しかし、この地位を得るまでに、トマトはどれだけの苦渋を味わったことだろう。トマトのデビューはあまりにもほろ苦い。新大陸からヨーロッパに伝えられたトマトは、赤い果実が鮮やかすぎるので、有毒植物だと信じられていたのである。そして長い間、珍奇な観賞植物として扱われてきた。その後、やっと誤解が解けて欧米では食用として用いられるようになったものの、日本に入ってくると「赤ナス」呼ばわりされて、やっぱり観賞用植物としてしか評価されなかったのである。

そもそもトマトが赤いのには理由（わけ）がある。植物の果実は鳥や動物に食べられて、糞といっしょに種子を排出させることで、種子を遠くまで運ばせる。鳥や動物にとって赤はもっとも目立つ色なので、果実は赤く実り、鳥や動物に発見されやすいようにしているのだ。人の目が赤い果実を見つけやすいように進化したのか、果実が人に見つかりやす

87 トマト

い赤い色に進化したのかは定かではない。どちらにしても、私たちが真っ赤に実った果実をおいしそうと感じるのは、それがかつてサルだった私たち人間と、果実を実らせる植物とが長い時間をかけて築き上げてきた約束事だからである。だから今でも赤は副交感神経を刺激し、食欲をそそる。それと知ってか知らずか中華料理の店や、ハンバーガーや牛丼のチェーン店は何となく赤色を基調にした配色をしている。そして私たちは、夕闇に浮かびあがる赤提灯に惹きつけられるのだ。

それにしてもトマトの赤はあまりにも鮮やかだ。鳥や動物を効果的に惹きつけるには、赤色がもっとも目立つ。しかし植物の果実が持つ色素は、主には紫色のアントシアンと橙色のカロチノイドである。ブドウやブルーベリーの紫色はアントシアン、カキやミカンの橙色はカロチノイドである。さまざまな果実は赤い果実を夢見ながら、紫色や橙色の色素を使って、少しでも赤色に近づけようとしている。リンゴに至っては紫色のアントシアンと橙色のカロチノイドの二つの色素を巧みに組み合わせながら、苦労を重ねて赤色を出しているのだ。そんなほかの果実の苦労をよそに、トマトは真っ赤な「リコピン」という色素を持つことに成功した。そして、ついに鮮やかな赤い実を実現したのである。

手に入れた真っ赤な果実は、何よりトマト自身の手柄である。ところが、今度はあまりに赤すぎて毒々しいといわれるのだから、人間の感覚というのはまことに身勝手なものだ。

赤い実が有毒というのは誤解だったが、トマトはれっきとした有毒植物である。もちろん、トマトの果実は食べられるためのものだから毒はないが、大切な葉は食べられてはいけないので、しっかりと毒を持っている。トマトの毒成分には「トマチン」という、子どもがつけたあだ名のような、何ともかわいらしい名前がつけられている。

トマトは食べられるために赤くなったが、「トマトが赤くなると医者が青くなる」という諺がある。熟したトマトを食べた人はみんな健康になって、医者がいらなくなるという意味だ。実際にトマトはビタミンやミネラル、有機酸などを豊富に含んでいる。さらに、トマトの赤い色素リコピンには発ガン抑制の効果もあるという。これでは医者も青くなるはずだ。

トマト本来の旬は夏だが、今では一年中トマトを食べることができるようになった。真冬にトマトを食べる無頓着な風潮を嘆かわしく思う方もいるだろう。しかし、もとはというと、これが季節にこだわり過ぎた結果というから、世の中とは皮肉なものだ。

四季を愛する日本人は季節の移ろいに敏感だ。茶花や和菓子は季節を少し先取りすることが求められるし、初鰹や新茶のように季節をいち早く感じさせてくれるものが尊ばれる。野菜も同じである。夏の訪れを先取りする早生のトマトは人気が高く、飛ぶように売れた。そこで、少しでも早く収穫できるように、トマトの栽培時期は早められていったのである。逆に遅く収穫されたトマトも、夏を惜しむ人たちが喜んで買う。こうして一方ではトマトの収穫時期を遅らせる努力も行われていった。そして、人々の欲望の行きついた先は何だったろうか。

一年は十二カ月しかない。収穫時期を早めていったトマトと、遅らせていったトマトとは、季節を一巡りし、ついには一年中トマトが収穫できるようになったのである。季節を大切にする日本人の感覚が、トマトの旬を失わせてしまう結果になってしまったのだから何とも皮肉な話だ。

現代では、トマトに限らず、多くの野菜が一年中食べられるようになった。旬がなくなってしまったのである。もはや春も夏も秋も冬もない。いかにも一年中発情したサルと揶揄される人間の考えそうなことである。

しかし、夏の太陽をいっぱいに浴びて育ったトマトの味は格別である。輝くような赤い果実は、まるで夏の太陽をいっぱいに詰めこんでいるかのようだ。やはりトマトは夏の野菜である。一年中トマトが食べられる現代にこそ、夏の炎天下でトマトにかぶりつく。これこそ至福の贅沢といえるだろう。

# ピーマン

ナス科

## 空っぽな生き方

テレビアニメの主人公「パーマン」は子どもたちに人気のヒーローだが、よく似た名前のピーマンは子どもたちの嫌いな野菜の定番だ。どんなに味付けをしても、どんなに細かく切り刻んでも、子どもはピーマンの風味をかぎ分けてしまう。

しかし、それもしかたのない話である。私たちが食べているピーマンは未熟な果実である。未熟なうちに食べられないように、ピーマンは苦味物質を持っているのである。子どもたちがピーマンを嫌がるのは、正常な感覚なのだ。それを複雑な味覚を求める大人たちは、苦味がおいしいと通ぶって未熟なピーマンを食べるようになったのだ。ピーマンと子どもたちにとっては、ずいぶん迷惑な話だ。

ピーマンの苦味をなくすことは難しくない。ピーマンの苦味物質は熱で分解されるから、火を通せばよいのだ。ただ、ピーマン嫌いな子どもたちからは反論もあるだろう。

「そんなことはない。ピーマンの料理は、たいてい火を通してあるじゃないか」

じつは、その調理法に問題がある。ピーマンを切ってしまうと苦味物質が酸素と結びついて分解されなくなってしまうのだ。つまり苦味をとるためには、ピーマンを切らずに熱を通せばいい。ピーマン嫌いな子どものためにピーマンを小さく刻んでいるお母さんもいるかもしれないが、それは逆効果。むしろ、バーベキューで豪快に丸ごと焼いてしまうほうが、子どもたちは食べやすいというわけなのだ。もちろん、いつも丸ごと食べるというわけにもいかないから、料理に使うときには、切る前に一度ゆでて下ごしらえすればいい。

私たちが食べているピーマンは未成熟だから緑色をしているが、熟せば赤く色づくし、苦味も消えて甘くなる。トマトのところでも紹介したように、赤くなるのは、ほかの果実と同じように種子を運んでもらうためだ。

最近出まわっているパプリカはピーマンの一種だが、完熟しているので甘い。熟すことを許されたパプリカがずいぶんと張り切ったのかどうかは知らないが、色は緑、赤、白、橙、黄、紫、黒と七色の種類がある。植物の色素にはトマトやスイカが持つ赤い色素のリコピン、ニンジンが持つ黄色い色素のカロチン、ブドウが持つ紫色の色素のアントシアンの三種類があるが、パプリカは植物が利用している色素のすべてを使って、熟した喜びを体いっぱいに表現しているのである。

ピーマンが熟すと赤くなるというのは少し奇妙に聞こえるかもしれないが、ピーマン

93　ピーマン

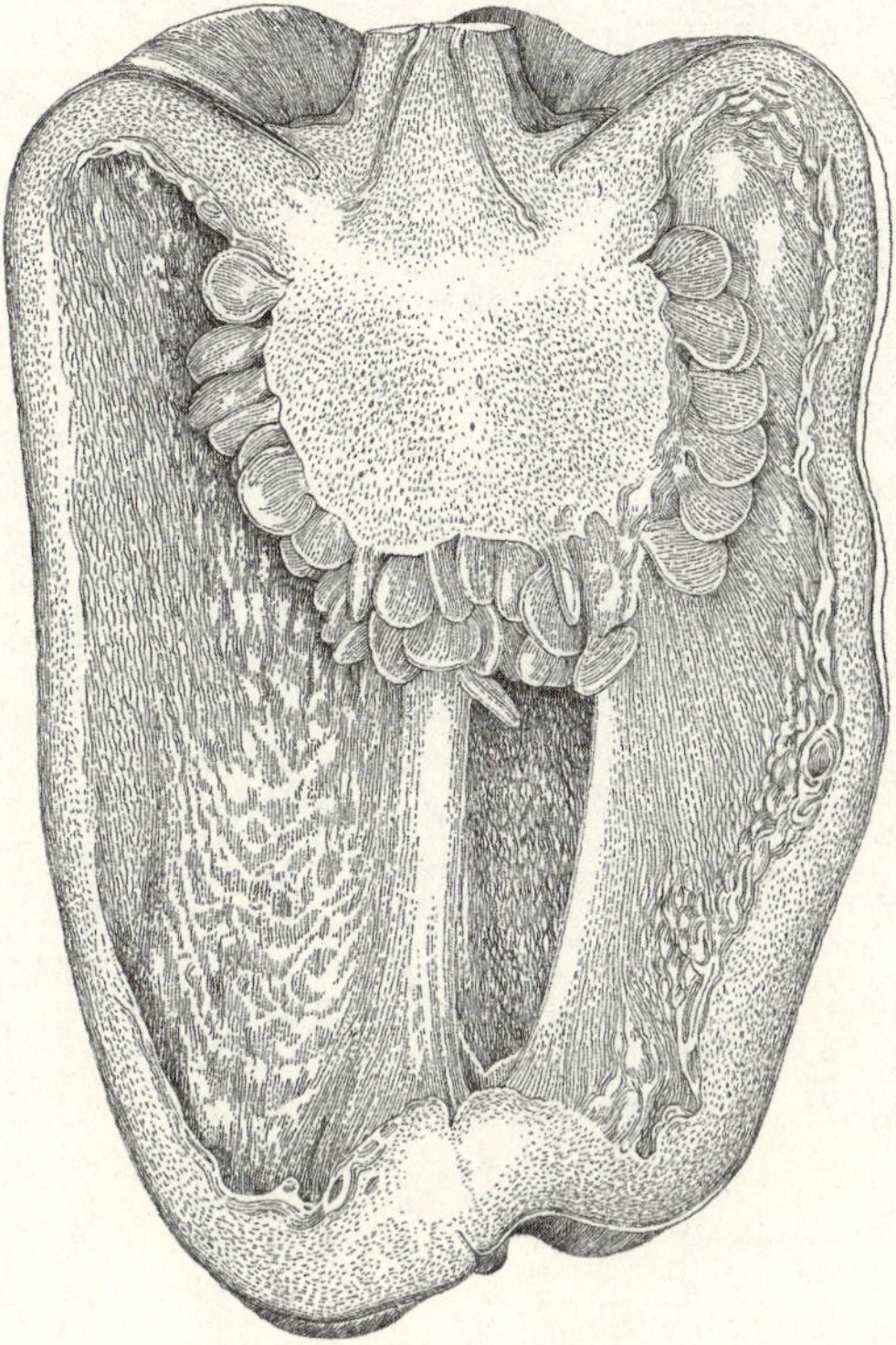

は、トウガラシの一種である。そもそもピーマンという言葉は、フランス語でトウガラシを意味する「ピマン」に由来している。英名では「グリーンペッパー」（緑のトウガラシ）や「スイートペッパー」（甘いトウガラシ）と呼ばれている。辛味がないようにトウガラシを品種改良したものがピーマンなのである。

ピーマンは見るのも嫌だという子どもたちも、ぜひピーマンの花を観察してほしい。ピーマンは六枚の花びらの形の整った白い可憐（かれん）な花を咲かせる。雄しべの先端は薄紫色で、どこか夜空に青白く輝く星のようでもある。

せっかく美しい花なのに、ピーマンの花はどこか自信なげに下を向いている。ピーマンの花をよく見ると、雄しべが雌しべを取り囲むように中央に集まっている。ピーマンは自家受粉なので、花粉が自分の雌しべにつきやすいように配置しているのだ。ところが雌しべは雄しべよりも長いので、花粉をつけようにも雄しべは雌しべに届かない。だから、花を下に向けて、雄しべの花粉が落ちて雌しべにつくように考えているのだ。

花の後には実ができる。ところがピーマンの実は中身が空っぽだ。そのため、頭が空っぽだという意味で「頭がピーマン」という悪口があった。ただピーマンの名誉のためにいえば、もともとはピーマンも実のなかに種子をぎっしりと詰めていたのだ。ところが、ピーマンは中身を捨てて皮を食べる。だから皮を厚くして、代わりに中身を少なく

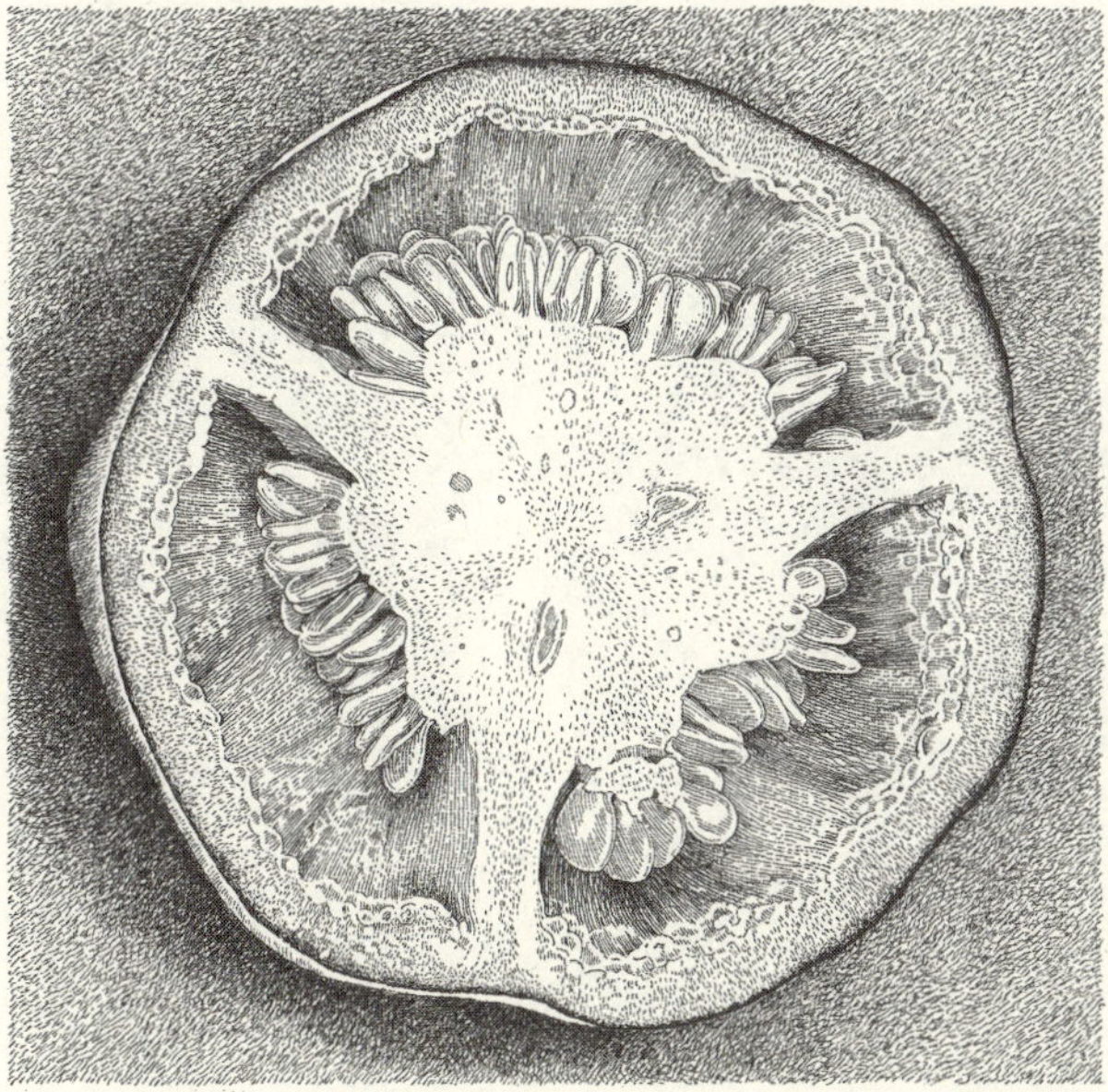

するように改良が加えられてきたのである。中身が空っぽなのは、余分なものを減らし野菜として充実した姿なのである。

空っぽだからといってバカにしてはいけない。この空っぽの果実は柑橘類よりも豊富なビタミンCを持っている。ビタミンCの発見でノーベル賞を受賞した研究に貢献したのも何を隠そう、ピーマンなのだ。

詰まっていればいいというものでもない。「ピーマン」と悪口をいわれても、たまには頭を空っぽにしてみるのも悪くはないかもしれない。

# トウガラシ

## 自分の名前で呼ばれたい

唐辛子(とうがらし)　ナス科

インドを目指して大西洋を渡ったコロンブスは、ついに新大陸を発見した。しかし、彼が自分のたどりついたところをインドの一部だと考えついた。おかげで、アメリカ大陸にいた先住民はインド人という意味でインディアンと呼ばれているし、カリブ海に浮かぶ島々は西インド諸島と名づけられた。

トウガラシにとって、これが悲劇のはじまりだった。コロンブスの航海の目的は、インドからスペインへコショウを運ぶ航路を見つけることにあった。当時、コショウは金(きん)と同じ価値を持つといわれるほど高価なものだったのだ。しかし、彼の発見した新大陸にコショウはない。コショウを見つけられなかったコロンブスはその代わりにトウガラシをヨーロッパに持ち帰ったのである。

コショウはコショウ科のつる性植物で小さな粒の香辛料だから、トウガラシとは似ても似つかない。それでもトウガラシは、レッドペッパー（赤いコショウ）やホットペッパー（辛いコショウ）と呼ばれるようになってしまった。

やがてトウガラシの辛味は人々を魅了し、またたく間に世界中に広まった。日本でトウガラシは南蛮胡椒と呼ばれていた。今でもトウガラシのことを方言でコショウと呼ぶ土地もあるくらいである。どこまでいってもトウガラシにはコショウの影がつきまとうのだ。

最近では南蛮胡椒と呼ばれることもなくなったが、そもそも唐辛子という名も唐から伝わった辛子という意味だ。からしの原料となるカラシナはアブラナ科の植物で、こちらもトウガラシとは似ても似つかない。しかし、ついた名前はトウガラシだった。人間社会でも偉大な著名人に似ていると、「〇〇二世」とか「〇〇の再来」と評されてしまう。遅れてきた新参者にとって、偉大な先人の幻像を超えるのは簡単ではないのだ。

歴史ある香辛料を超えようと頑張っているのか、トウガラシの活躍は目覚しい。トウガラシは世界の食文化に大きな影響をもたらしたのだ。

西洋では、トウガラシは辛味をなくすように改良が進み、スイートペッパーと呼ばれるピーマンが誕生した。逆にインドでは辛味が強くなるように改良された。インドといえばカレーが思い浮かぶが、カレーはもともとコショウを主な香辛料として作られていた。ところが、今ではトウガラシはカレーに欠かせない。

カレーばかりでなく、辛いトウガラシはアジア料理には欠かせない存在だ。もしトウ

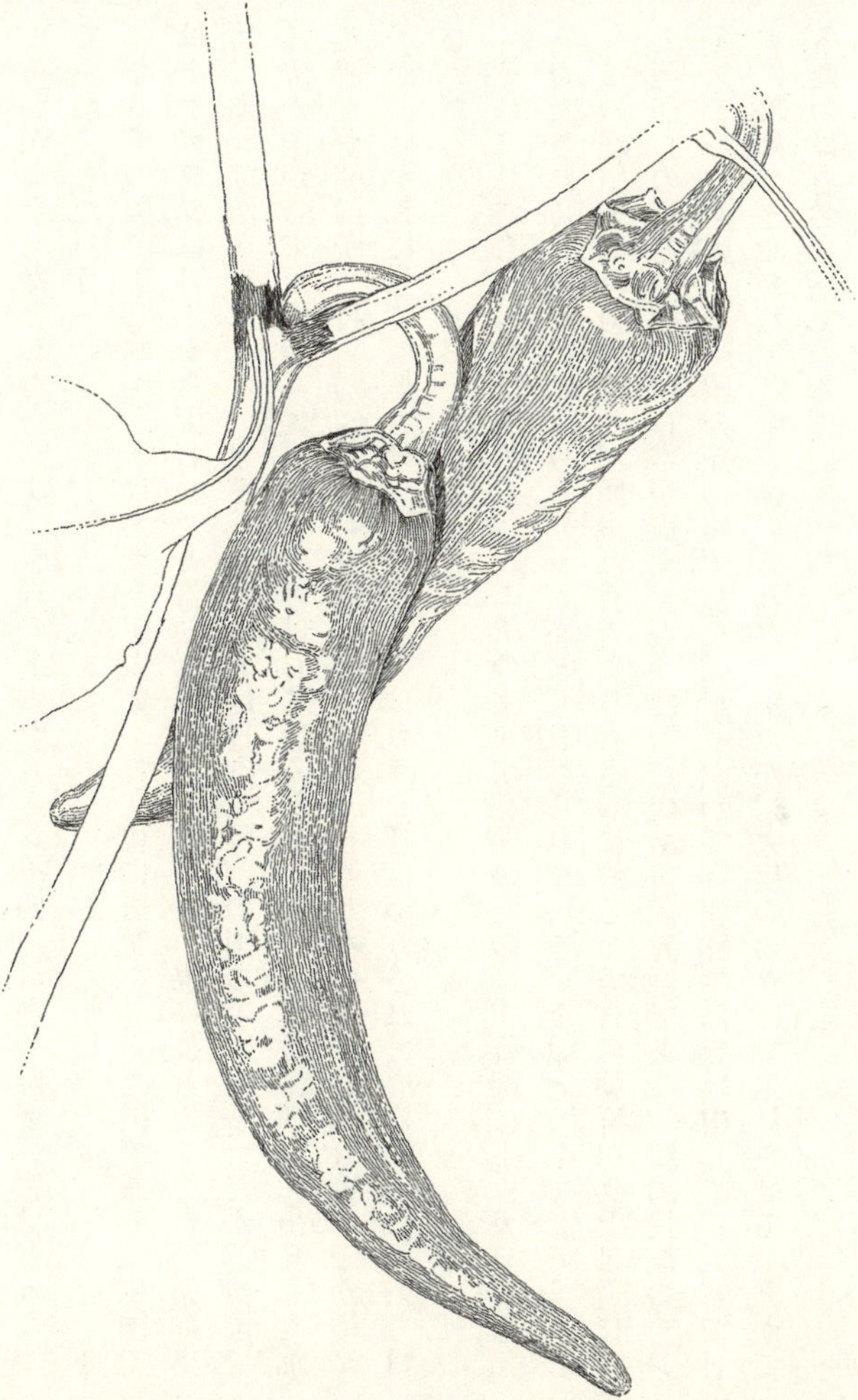

ガラシがなかったとしたら、タイ料理のトムヤムクンや四川料理の麻婆豆腐はどうなっていたことだろう。

キムチの国である韓国もトウガラシが大きく食文化に影響を与えた国である。韓国ではトウガラシは日本から伝わったと言い伝えられている。一説によると、秀吉の朝鮮出兵によって伝えられたという。トウガラシは日本では唐の国の「唐辛子」だが、韓国では倭（わ）の国から来たので「倭辛子（わがらし）」と呼ばれている。しかし日本には、朝鮮に出兵した加藤清正が朝鮮から持ち帰ったという話もあってはっきりしない。もっとも唐辛子か倭辛子か、いずれにしてもトウガラシにとってはカラシ呼ばわりされていることに変わりはないだろう。

それにしても韓国ではあれだけキムチの文化が花開いたのに、韓国にトウガラシを伝えたとされる日本では、トウガラシがあまり食べられていないのはどうしてだろう。

この理由を求めていくと、歴史は秀吉よりもさらに遡る。秀吉の朝鮮出兵とは逆に、大陸からの侵略の脅威に日本が震え上がったことがある。元寇（げんこう）である。騎馬民族のチンギス・ハンが広大な中国大陸に建国した元が、やがては朝鮮半島を経由して、大軍で日本に攻めてきたのだ。苦戦を強いられた日本だが、大嵐のおかげで退散させることができたのは有名な話である。

101　トウガラシ

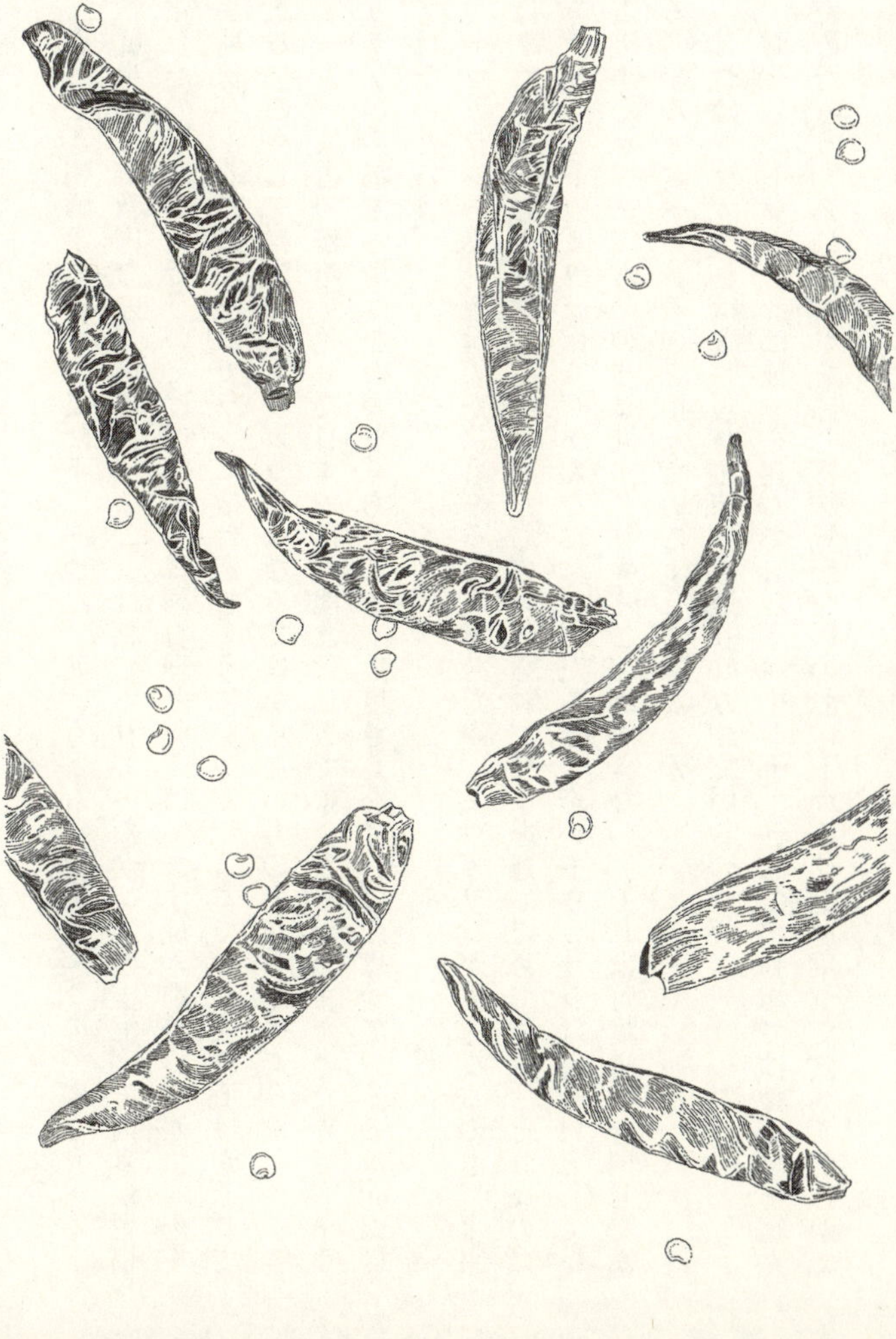

そのとき朝鮮半島は元の支配下にあった。元はもともと騎馬民族なので肉を食べる。朝鮮半島は仏教国なので肉を食べることは禁じられていたが、元の支配下で肉食が習慣化したのである。そういえば、今でも韓国料理といえば、まず焼き肉だ。やがて、肉を長期保存するためにトウガラシに漬け込むようになった。日本でいう朝鮮漬けがそれである。こうして韓国ではトウガラシはなくてはならないものとなったのだ。

一方、蒙古の侵略を免れた日本では、肉食は仏教で禁止されたままだったので、トウガラシが活躍する場はなかった。あのとき、大嵐さえなければと思っているのは元だけではないだろう。

トウガラシの赤い色はいかにも辛そうな感じだが、トウガラシが赤くなるのも、本来はトマトと同じように、鳥や動物たちに食べられて種子を運ぶためである。それなのに、赤く熟したトウガラシはなぜあんなに辛いのだろう。辛いトウガラシは香辛料としては重宝するが、とてもそのまま丸かじりすることはできない。それは野生動物も同じである。まるで食べられるのを拒んでいるようではないか。

じつはトウガラシは食べられる相手を選り好みしているのだ。

おそらくトウガラシは種子を運んでもらうパートナーとして、動物ではなく鳥を選んだのだろう。鳥には辛さを感じる味覚がないので、トウガラシを平気で食べることができる。もちろん、食べすぎてお腹が痛くなってしまうこともない。

トウガラシにとって鳥を選んだ利点は大きい。鳥は大空を飛びまわるので移動する距離が長い。さらに鳥は動物に比べると消化管が短いので、種子が消化されずに無事に体内を通り抜けることができる。

ところが、である。もともとトウガラシの辛味は鳥以外の動物に食べられないためのものだったが、辛みを恐れない動物が出現した。人間である。トウガラシの辛味は一度食べると病みつきになる魅力がある。さらに辛味成分の「カプサイシン」は脂肪を燃焼させる効果があることから、ダイエットのためにトウガラシのたっぷり入った辛い料理を食べる人さえいる。人間という動物は、せっせとトウガラシを食べては、鳥以上の距離を移動して、辺境の地から地球上のあらゆる国にトウガラシを広めていったのである。

予期せぬこととはいえ、トウガラシにとっては、今や人間こそが最高のパートナーといってもいい。人間がコショウかカラシと呼ぶ非礼も、きっと許してくれることだろう。

# メロン ウリ科

## 傷だらけの王者

桐の箱に収まって一個一万円もの値段がつけられているメロン。まさに「果物の王様」と呼ばれるにふさわしい風格である。しかし実際には、メロンは果物ではなく野菜である。

果物と野菜の区別はごく簡単にいうと木と草の違いである。木本性で一度植えておけば永年的に収穫できるものが果物で、草本性で短い期間で定期的に植え替えて収穫するものが野菜である。果物の王様と威張ってはいるが、メロンは一年生植物で、キュウリやカボチャと同じウリ科の野菜なのだ。しかもメロンの学名は、マクワウリやシロウリとまったく同じで、じつは同じ種類である。高級メロンを気取ってみても、メロンはしょせん、ウリなのである。ただし、メロンは副食としてよりもデザートとして食べられるので、果物として売られている。

「梨の皮は下司(げす)にむかせろ、瓜の皮は大名にむかせろ」といわれる。これはメロンが高級品だから殿様用というわけではない。ナシなどの果実は外側から栄養分が詰まってい

くので、皮の近くが甘い。そのため、できるだけ皮を薄くむかなければならないのだ。満足に皮をむけない殿様にむかせては、甘いところが全部捨てられてしまう。一方、ウリは内側から充実していくので、中心部がもっとも甘い。だから、殿様が皮を厚くむいたほうがよいということなのだ。もっとも、殿様がウリを食べることなどなかっただろう。昔はウリの世間での評価はそれほど高くなかったのである。

すでに紹介したように、かつてナスは高級な野菜だった。一方のウリは高級どころか、むしろ下品な食べ物として扱われていた。だから「ウリのつるにはナスビはならぬ」とさげすまれたのだ。そんなウリ科の野菜から、「果物の王様」とさえ称えられる高級メロンが登場したのだから、まさにウリのつるにナスビがなった大事件である。

ウリ科野菜の出世頭であるメロンは、ほかのウリの仲間とは別格の扱いである。温度を制御されたガラス室のなかで、一年中ぬくぬくと育てられている。ほかのウリ類が地べたで土まみれになって転がされているのに対し、メロンは支柱でしっかりと立ててもらっている。まさに温室育ちである。さらにメロンは一本の茎に一つだけ果実を残して、すべての実を取り除いてしまう。こうしてたった一つの実に栄養分を集めて、一人っ子のように大切に育てられるのだ。

これだけ甘やかされて育てられれば、メロンが甘くなるのも当然に思える。しかし、

107 メロン

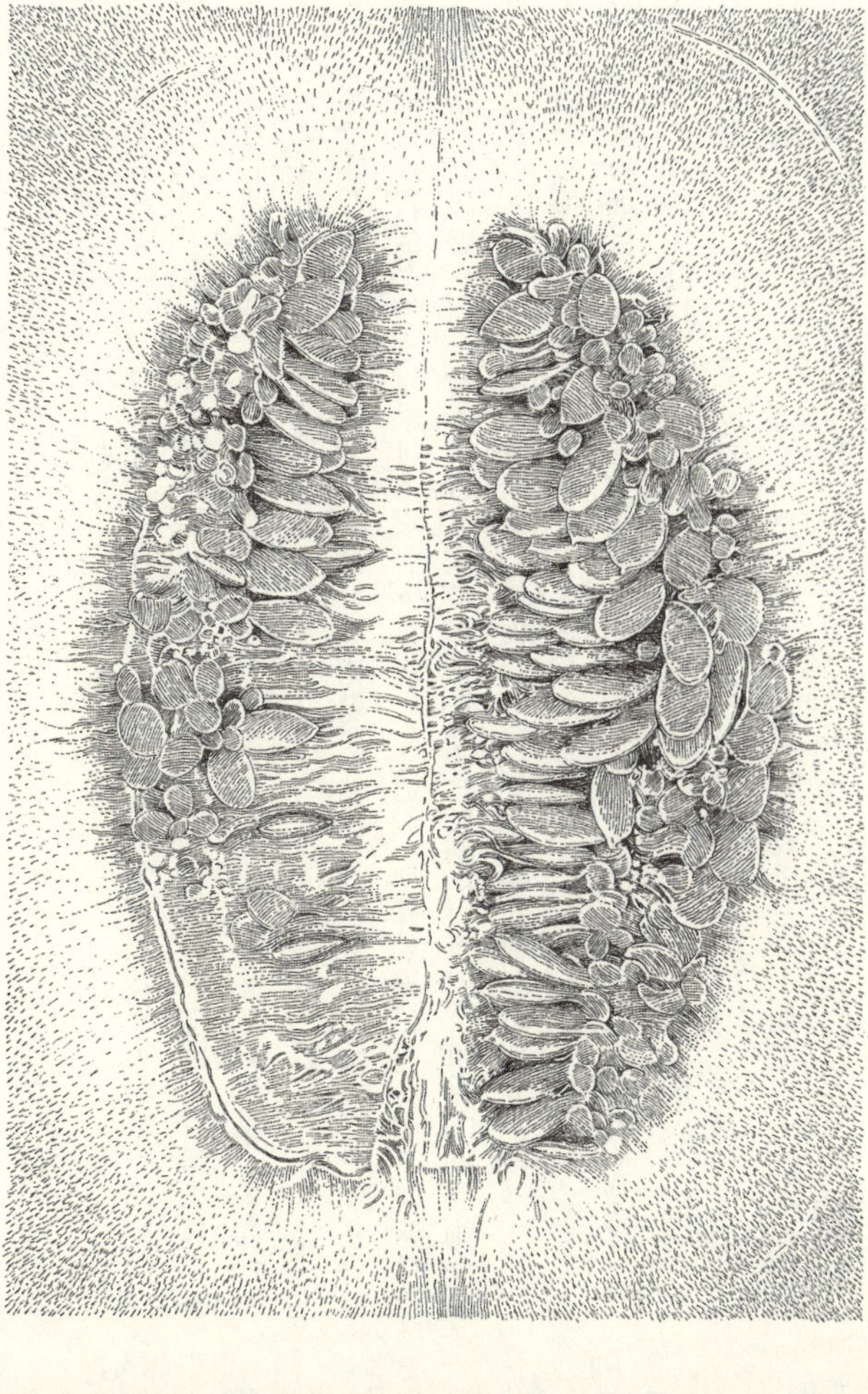

メロンは実際にはそんなに甘やかされているわけではない。それどころか、むしろ厳しくしつけられているのだ。

大切に育てられているメロンだが、甘やかして水をやりすぎると果実が水っぽくなってしまう。そこで、水を減らして厳しい環境に追い込むと、メロンは懸命に果実に栄養分を集めだす。その結果、メロンは甘くなるのである。そのためメロンは温室のなかで、葉がしおれるギリギリまで水を制限されている。

それだけではない。メロンの生長はもっと壮絶だ。高級メロンといえば、やはり表面の美しい網目が特徴だろう。網目のないメロンもあるが、やはり網目のあるメロンはウリとは別格の高級感を漂わせている。網目が細かければ細かいほど、市場での評価が高くなるという。ところで、あの網目は一体何なのだろう。網目模様は盛り上がっていて、スイカの縞々模様とは明らかに違うような感じがする。

じつは、あの網目はメロンの実が割れてできるのである。メロンの実が大きく育っていく過程で、皮の生長は途中で止まってしまうが、実はどんどん大きくなっていくので、皮の表面に亀裂（きれつ）が入ってしまうのだ。その傷から出た分泌液がひび割れをふさぐためにコルク質を形成する。こうしてできたのがメロンの網目なのだ。人間でいえば、血が固まってかさぶたができるのと同じようなものだ。あるいは女性が妊娠してお腹が大きくなると、皮下組織の成長が追いつかず肌に妊娠線と呼ばれるひびが入ってしまうが、それと同じような感じだろうか。

ちなみに同じウリ科のカボチャでも、皮の表面にクギなどで傷をつけると、メロンと同じように盛り上がったコルク質が出来上がる。カボチャの表面にクギで字を書いておくと、そのとおりに字が浮かび上がってくるからおもしろい。

メロンの果実はさらに大きくなりながら、つぎつぎに皮の表面が割れて、網目はしだいに細かくなっていく。こうしてあの見事な網目模様が出来上がるのである。もちろん、実が急激に大きくなりすぎると、ひびが入るだけではすまない。ひび割れが大きくなりすぎてはじけてしまうのだ。メロンにとっては命がけなのだ。しかし、実の太り具合が少ないと網目はしっかりと入らない。何とも微妙なバランスによって芸術的な網目模様は出来上がるのである。

自らの身をズタズタに傷つけながら、メロンは価値を高めていく。そして、水分を制限されながら、自分を追い込んで中身を充実させていく。それはまるで水や食べ物を制限しながらトレーニングを積むボクサーの姿さながらだ。

果物売り場の棚の一番高いところに鎮座した高級メロン。その誇り高き姿は「王様」というよりも「王者」というほうがふさわしいのではないだろうか。

# スイカ

西瓜（すいか）　ウリ科

## 甘いオアシス

夏の思い出といえば、何はなくともスイカだろう。よく冷えた甘いスイカは夏の風物詩だ。丸々とした大きなスイカを包丁で切って、家族みんなが揃って食べる。今ではあまり見られなくなってしまった光景だが、かつてスイカは、まさに家族団欒の象徴でもあった。

スイカもれっきとしたウリ科の野菜だが、デザートとして用いられるため、メロンと同じように果物として売られている。

メロンさえいなければ、スイカこそ果物の王様だったことだろう。あの甘さ、大きさ、そして存在感は、まさに王と呼ぶにふさわしい。

果物の王の座を争うライバルどうしが呉越同舟、同じ船倉でいっしょになったことがある。このときある事件が起きた。メロンといっしょだったスイカが、どういうわけか腐ってしまったのである。船内で一体、何が起こったのだろうか。まさか、えらそうなメロンに威張られて、ふて腐れてしまったわけでもあるまい。

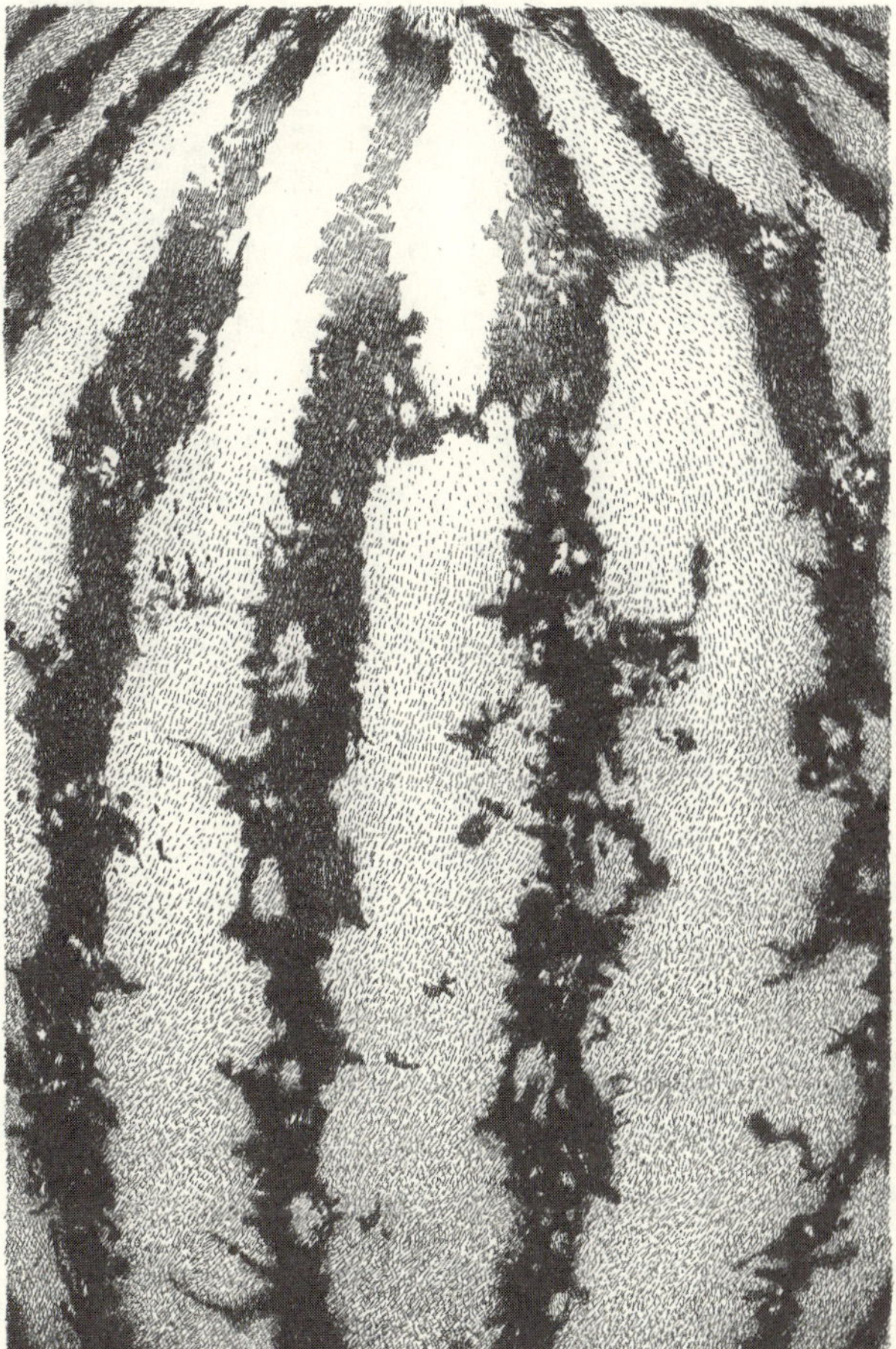

事の真相はこうである。じつは、メロンには大量の「エチレン」を空気中に放出する性質がある。エチレンは植物ホルモンの一種で、果実の成熟を促進させるはたらきがあるのだ。そのためメロンから出たエチレンによってスイカが熟し過ぎてしまったのである。果物の王様の座を奪われたうえに、腐らされてしまってはたまらない。それからはスイカとメロンが席を同じくすることはなくなったという。

スイカは英語では「ウォーターメロン」、水のメロンという意味である。メロンをライバル視するスイカにとって、何とも屈辱的な名前だ。甘いスイカはどれだけ苦汁をなめればよいのだろう。

ただ、ウォーターメロンと呼ばれるだけのことはあって、水分をたっぷり含んだスイカは夏の水分補給に最適だ。スイカはなんと、九〇パーセント以上が水分である。スイカの原産地はアフリカの砂漠地帯である。水分をたっぷり含んだスイカは、アフリカでは貴重な水分の補給源として今でも大切にされている。水がめの代わりなのだ。そういえば、東京オリンピックの男子マラソンで優勝したエチオピアのアベベ選手が、レース中の水分補給に飲んだのが特製のスイカジュースだったらしい。

キュウリやメロンなど、ウリ科植物の葉は丸く広いが、スイカの葉は複雑に切れ込んだ形をしている。葉が大きいと、葉の表面から水分が蒸発して萎れてしまう。そこで葉

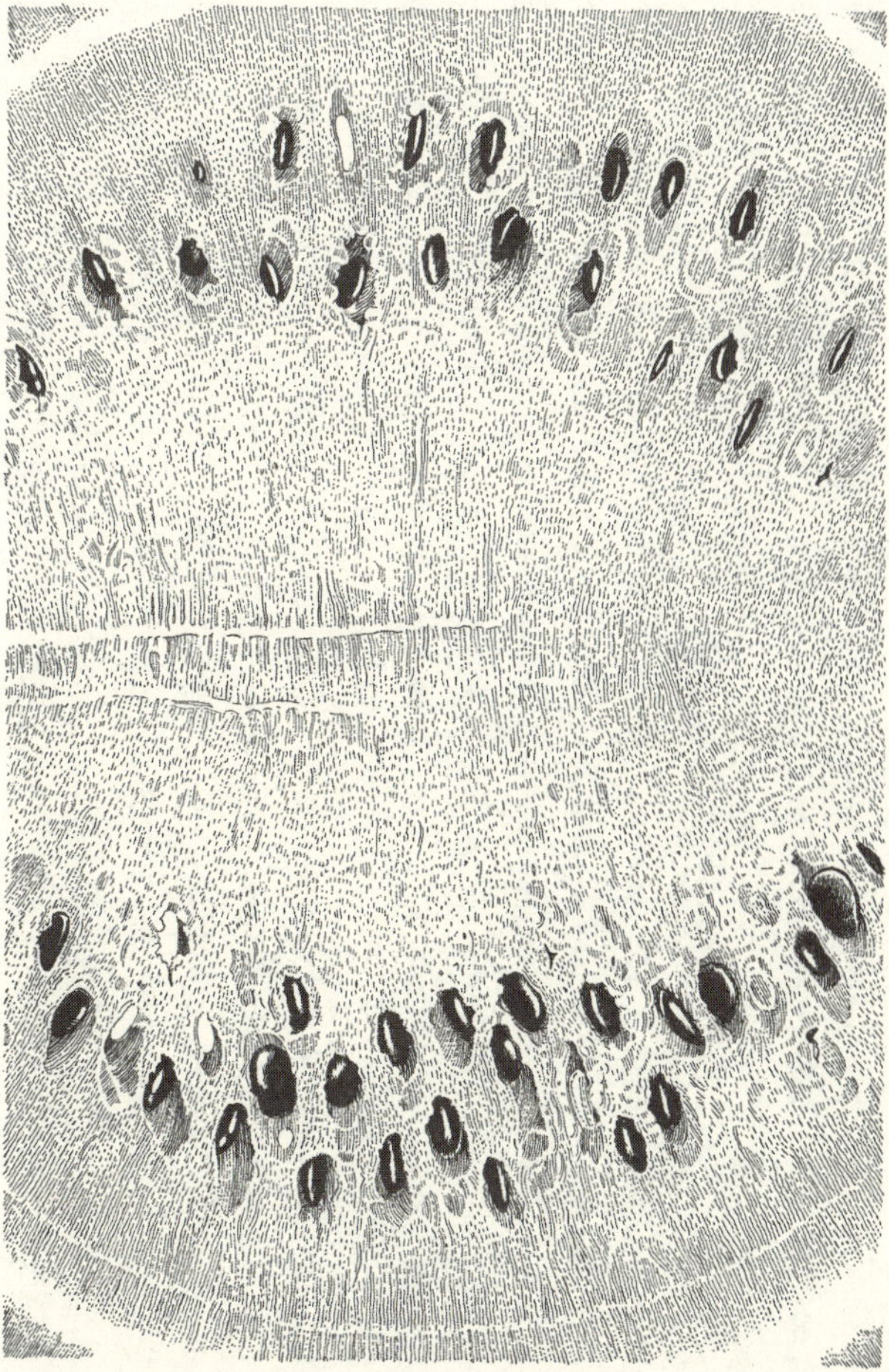

のすみずみまで水分をゆきわたらせ、潤いを保つために、水の通り道である葉脈の部分だけ残して葉をつけているのである。

厳しい乾燥条件のなかで、スイカは水分たっぷりの甘い実をならせる。この苦労は相当のものだろう。一般に、サボテンなど乾燥地帯に生きる植物は、葉や根に水を溜める。そうしておけば、溜めた水分をいつでも利用できるからである。ところが、果実に溜めてしまった水分はなかなか使うことはできない。それにもかかわらず、スイカが苦労して果実に水分を溜めているのはなぜだろう。

植物の果実は、動物や鳥に食べられてから糞といっしょに体外に出ることで、種子を遠くへ散布する。つまり、食べられるために果実をおいしく実らせるのである。スイカも同じである。水分たっぷりの甘い果実は砂漠に生きる動物や鳥にとってオアシスのような存在だったろう。スイカの縞模様も、動物や鳥に見つかりやすいように発達したといわれている。さらにスイカは、中心ほど甘くなっている。動物や鳥もスイカ一個を食べるのはさすがに飽きることだろう。中心部が一番甘いのは、残さずに食べてもらうための工夫なのかもしれない。

水分のほとんどない環境で、スイカはなけなしの水分を子どものために溜めているのである。子どもの成功のために自分を犠牲にして、貯蓄している。スイカはやはり母親の味だ。

ところで、スイカの種子を誤って飲み込んでしまうと、腸に引っかかって虫垂炎になる、という噂があるが、もちろん、これは迷信である。

スイカの種子は動物や鳥のお腹を通ってばらまかれる。つまり、食べられることを想定しているのだ。スイカの種子は固いガラス質で覆われているので、胃のなかでも消化されることはない。もちろん、複雑に入り組んだ腸も難なくすり抜ける。盲腸に引っかかるようでは、スイカの繁栄はありえないのだ。誤って飲み込んでも、スイカの種子はあなたの胃腸をすべて通り抜け、自ら体外へ脱出するはずである。それどころか、ゆっくりと時間を掛けて胃腸を通るようになっているらしい。そうすることで、動物の体内に長くとどまって、少しでも遠くまで運ばれようとしているのだ。

それでもスイカを食べる人間にとってみれば、種子は邪魔な存在である。そこでスイカには迷惑な話だが、種子をなくす技術が開発された。

スイカは染色体のまとまりが二つ一組で存在する二倍体である。このスイカをコルヒチンという薬品で処理すると倍の四倍体になる。この四倍体のスイカと二倍体のスイカを交配すると、三倍体のスイカが出来上がるのだ。種子を形成するためには染色体を二分する必要があるが、三倍体のスイカは染色体の数が奇数なので正常に二分できない。

そのため種なしになるのである。

しかしこれが母の愛なのだろうか。スイカが実をつけるのは子どもである種子のためである。種子を奪われたスイカは、実がなるのが遅くなったり、実がスカスカになったりしてしまうという。そのため種なしスイカは、なかなか実用化にはいたっていない。

まあ、スイカが実をつける苦労を考えれば、私たちも種子を吐き出すくらい、面倒くさがっていてはいけないということなのだろう。縁側でスイカの種子を飛ばしながら食べることも、昔の子どもたちにとってはスイカの楽しみ方の一つだったはずなのだ。

# キュウリ

胡瓜（きゅうり）　ウリ科

## 曲がったことは大嫌い？

「十本」は、「じゅっぽん」ではなく「じっぽん」と読む。ほとんどの大人たちが「じゅっぽん」と発音している現代でも、小学校の教科書では、かたくなに「じっぽん」と教えている。

じつは昔、「十」は「じゅう」ではなく「じふ」と発音していた。だから「じっぽん」なのである。「じふ」は発音しにくいので、人々はしだいに「じゅう」と発音するようになったが、「十本」を「じっぽん」とする読み方だけが残った。

キュウリも本当は「きゅうり」ではなく「きうり」だった。「黄瓜（きうり）」の意味である。しかし、「きうり」もまた発音しにくい。「きうり、きうり」と続けて発音してみると、自然と「きゅうり」という読み方になってしまう。

キュウリは黄色くない、と思うかもしれないが、私たちが食べるキュウリはまだ未熟な状態である。熟したキュウリは、私たちが見慣れたキュウリとはまったく別物である。色は鮮やかな黄色になり、実も丸々とへちまのように太る。家庭菜園などで採り忘れたキュウリが黄色い瓜の化け物のようになってしまうことがある。しかし、これが成熟したキュウリ本来の姿である。事実、昔はこの熟したキュウリを食べていた。ところが、メロンの仲間のマクワウリやシロウリなど、キュウリよりもおいしい瓜が続々登場してきた。そこで試しに未成熟なキュウリを食べてみたら、みずみずしくて意外においしかったというのが現在のキュウリの始まりなのである。キュウリの皮にはいぼと呼ばれる突起があるが、これも、もともとは未成熟な実を守るための刺だったらしい。

漬け物やモロキュー、カッパ巻きなど、キュウリはいかにも素朴で庶民的な野菜だ。しかし、江戸時代の武士は恐れ多くてキュウリを口にすることはなかったという。キュウリの切り口が徳川家の葵の御紋に似ているというのがその理由だ。

「この紋所が目に入らぬか」

キュウリは庶民にやさしく、権力に厳しいドラマの水戸黄門のような存在だったのだ。もっとも当の水戸光圀自身は、「毒多くて能なし」とキュウリの悪口をいっていたらしい。

キュウリの断面を見ると、たしかに葵の御紋のように三つに分かれている。その一つ一つが部屋のようになっていて、それぞれの部屋には種子のもとになる胚珠がたくさん入っているのである。

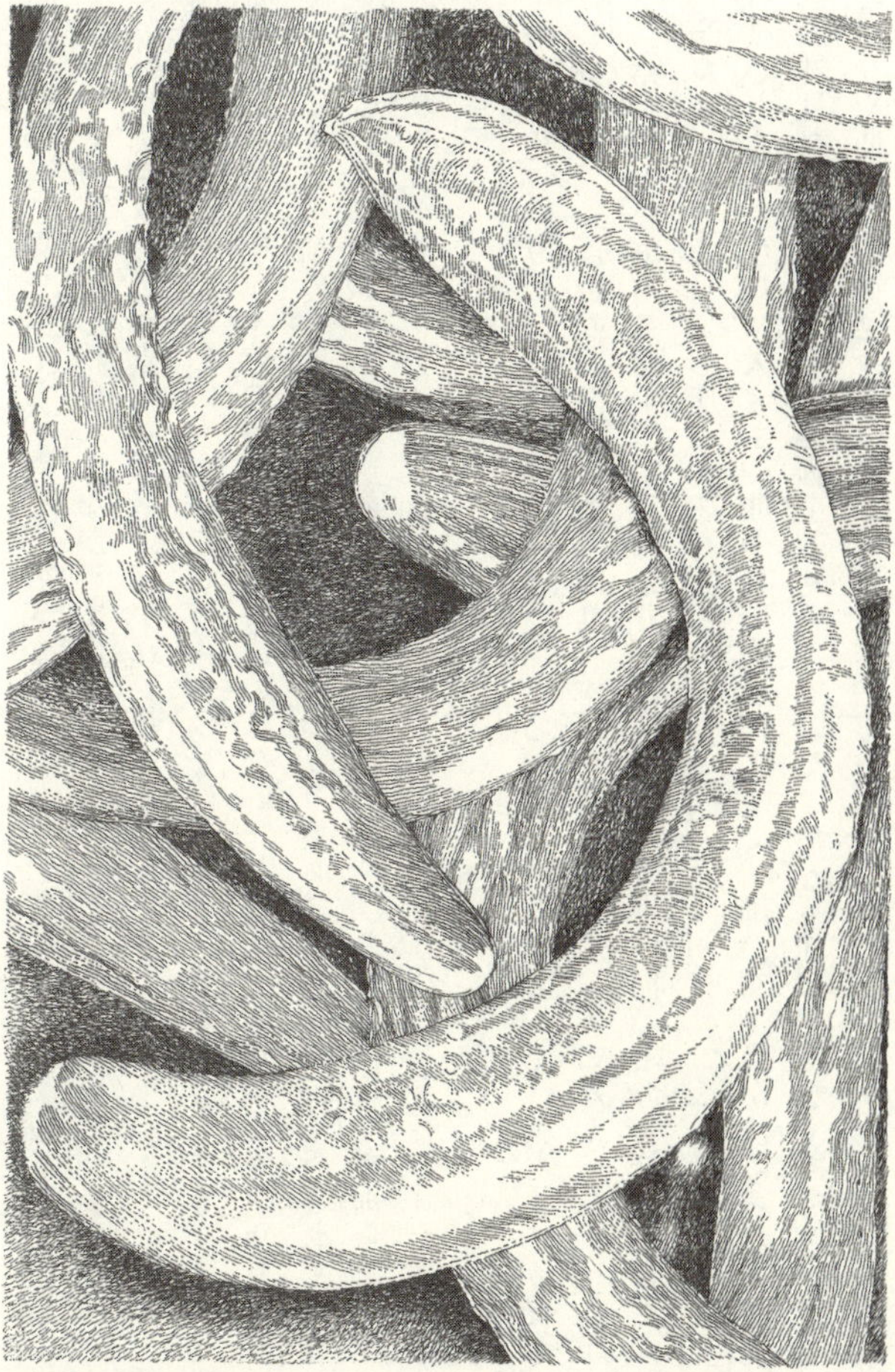

キュウリの花を見てみると、雌しべの先が三つに分かれている。この雌しべの先が、キュウリの実の部屋とそれぞれつながっているのだ。雌しべの先についた花粉は雌しべのなかを伸び進み、それぞれの部屋に分かれて胚珠と受粉する。

水戸黄門は曲がったことは大嫌いだが、キュウリはときどき曲がってしまう。曲がったキュウリも味そのものに大きな違いはない。しかし、曲がったキュウリは見てくれが悪く、箱詰めもしづらいことから、すっかり落ちこぼれの烙印を押されてしまった。そして、曲がったキュウリを作らないように、キュウリの先に重りを垂らしたり、筒状の型のなかでキュウリを太らせたりという、笑えないようなことが行われたのである。

そもそもキュウリとて、生き物である。いくら環境を同じにしても、同じものができないところが、生き物のおもしろさであり、すばらしさである。ところが、見かけのよさや、箱詰めのしやすさを追求するあまり、工業製品のように同じものを揃えることが求められるようになってしまったのだ。

収穫されたキュウリは大きさや曲がりの程度によって、細かく階級が決められ、選別機械が外見だけで容赦なく収穫物を選り分けていく。たとえ味に差はなくても、小さなキュウリや曲がったキュウリは等級外として捨てられ、二度と陽の目を見ることはないのだ。

気のせいかキュウリが選別されるようになったころから、私たち人間も偏差値や学歴といった単一の評価基準で判断され、選別されるようになったように思える。曲がったキュウリを作るまいと、子どもたちに重りをつけたり、型にはめたりしてはいないだろうか。そして、キュウリも子どもたちも、恐ろしいくらい見てくれが揃うようになった。個性はどこへ行ってしまったのだろう。

いくらアインシュタインが世紀の天才であっても、世界人類がすべてアインシュタインだったら、世の中は成り立たないだろう。曲がったキュウリは確かに見てくれは悪い。しかし、本来、多様性に富む生き物がまったく同じであることのほうがおかしいし、考えてみれば気持ちが悪い。

ところがキュウリの不運な運命は、これだけでは終わらない。庶民の味方キュウリは、さらに気まぐれな庶民たちによって翻弄されることになる。

昔のキュウリはブルームと呼ばれる白い粉状のもので実を覆っていた。このブルームは表面の細胞が変化して白く細かい毛になったもので、水をはじく役割があったと考えられている。これは桃の果実の表面にある白い粉状の毛と同じである。

このブルームは、もちろんキュウリそのものから自然に分泌されるものだから、何の問題もないはずである。ところがである。このブルームは「農薬ではないか」と疑われて、すこぶる評判が悪かった。このとき誤解を解いておけば何でもなかったものを、見てくれを気にする消費者のニーズに合わせて、ついにはブルームのないキュウリが登場した。現在、出まわっているのは、ほとんどがブルームのないブルームレス・キュウリである。しかし、ブルームレスは歯ごたえが悪く、サラダにはよいが、漬け物にするとおいしくないという欠点がある。それだけではない。ブルームレス・キュウリは病気に弱いので、意に反して農薬をたくさん使わなければならなくなった。何とも皮肉な結果になってしまったのである。

最近では、曲がったキュウリや昔のキュウリの味を懐かしむ声もあって、行き過ぎた野菜生産の近代化を見直そうという動きも出ている。ところが今度は「曲がったキュウリ」がその象徴的な存在になり、曲がっているほうがよいというような風潮さえ出ている始末だ。これもキュウリにとっては迷惑な話だろう。キュウリだって、できることならまっすぐ伸びたいと頑張っているのだ。

曲がったキュウリも、まっすぐなキュウリも、それぞれのキュウリがキュウリらしく育つことができる時代は、一体いつになったら来るのだろうか。

# ニガウリ

苦瓜（にがうり）　ウリ科

## ほろ苦く、そして甘い

　沖縄を代表する野菜といえば、何といってもニガウリだろう。沖縄では「ゴーヤ」と呼ばれ、豆腐と炒めたゴーヤチャンプルはあまりに有名だ。

　恵み豊かな沖縄だが、強すぎる日差しのために、夏に栽培できる野菜はかえって少ない。そのため熱帯生まれで、真夏の太陽の下で育つことができるニガウリは「夏野菜の王様」と呼ばれて大切にされてきたのである。ニガウリは食欲増進に効果のある物質を含んでいるため、夏バテ予防にちょうどいい。ビールの苦味との相性もばっちりで、ニガウリの何ともいえない苦味のとりこになってしまっている方も少なくないだろう。

　今では沖縄以外でもすっかりおなじみのニガウリだが、沖縄から全国へ出荷されるようになったのは、意外にもごく最近のことである。これには深い理由があった。

　じつは沖縄には、ウリ科の植物につくウリミバエという大害虫がいた。このウリミバエが全国へ広がるのを防ぐために、沖縄が日本に復帰してからも沖縄から他の地域へのウリ科の野菜の出荷は禁止されていたのである。私たちが食卓で気軽にニガウリを食べることができるようになったのは、長い苦闘の末にウリミバエの根絶に成功したからこそである。

　ウリミバエを根絶させるのは簡単にできることではない。どんなに農薬をまいたとしても、すべてのウリミバエを殺すことなど不可能なのだ。そこで、ウリミバエの根絶には、まことにとっぴとも思える大作戦がとられた。それは、ウリミバエを大量に飼育して野外に放すという方法である。しかし、待ってほしい。大量のウリミバエを放したら、ウリミバエが増えてしまうだけではないか。一体、何を考えての行動なのだろう?

　一見むちゃくちゃに思えるこの作戦には、仕掛けがある。野外に放したのは、放射線を当てて受精能力を失わせた雄のウリミバエなのである。大量に放たれた雄のウリミバエと受精した雌は、正常な卵を産むことができない。これを繰り返すことで、少しずつウリミバエの数を減らしていったのである。いわばスパイによる攪乱作戦だったのだ。この方法は、「不妊虫放飼法（ふにんちゅうほうしほう）」と呼ばれている。二十年余りの間に、何と延べ五三〇億匹ものウリミバエの蛹（さなぎ）がヘリコプターで撒かれたというから、何とも壮大な計画だ。

　そんな苦労が実を結び、今やニガウリは家庭菜園でもおなじみの野菜となった。何気なく伸びていくニガウリだが、その生長のようすには注目してほしい。ニガウリは巻きひげを支柱に巻きつけながら生長していくが、この巻きひげは、じつに高性能なのだ。

125　ニガウリ

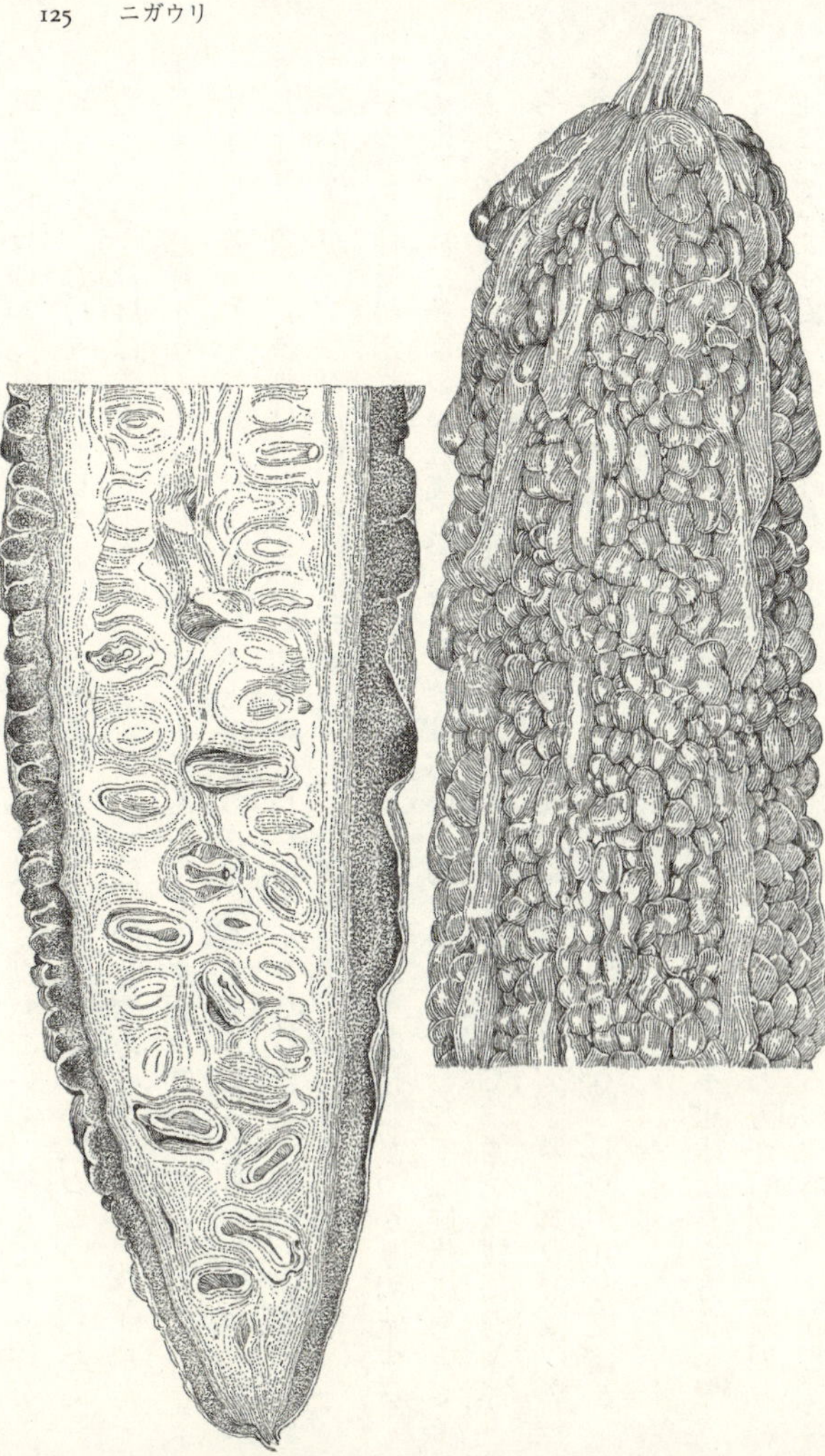

巻きひげはゆっくりと回旋しながら、つかむべき支柱を探していく。そして、支柱を見つけると、ひげを巻きつけていくのである。しかもガラス棒のようにつるつるした支柱だと、巻きひげは巻きつくのをやめて、新たな支柱を探し始める。つまり、ひげの先端は支柱の感触を確かめながら、巻きつくのに適したものを選り好みしているのだ。

いよいよ巻きつくべき支柱を見つけると、五分かそこらで、みるみるうちに巻きついてしまう。狙った獲物は逃がさない。植物の生長はゆっくりで目に見えないというイメージがあるが、つるの動きはスピーディでダイナミックだ。

やっと支柱をつかんだ巻きひげだが、休んでいる暇はない。支柱にしっかり固定するために、支柱に巻きついた後も、巻きひげは回旋運動を続け、ねじれて螺旋状に巻いてしまうのである。こうして巻きひげが螺旋状に丸まることによって、茎が支柱に引き寄せられて固定される仕掛けなのだ。ねじれて丸まった巻きひげは、まるでスプリングのように伸び縮みをすることができる。そして、弾力を保ちながらも、しっかりと支柱と固定させるのである。

さらによくよく観察してみると、根元と先端とで逆にねじれる不思議な巻き方をしている。たとえば、長なわとびをまわすときに、二人の回し手の回し方が右回りと左回りに逆になるように、巻きひげも、先端と根元でねじれ方が逆になるのである。こうして二方向に巻いていることで、巻きひげがよじれるのを防ぐ効果もあるという。

　このような複雑な巻きひげの運動をするのは、ニガウリだけではない。キュウリやヘチマ、ヒョウタンなど、支柱につかまるウリ科の植物であれば、同じことが観察できる。

　ところで、ニガウリは「苦い瓜」の意味である。前に紹介したピーマンがそうだったように、緑色の未熟な実は食べられないように苦味を持っているが、熟した実は動物や鳥に食べられるために甘くおいしくなる。苦味が特徴のニガウリでもそれは同じことだ。だからニガウリも、鮮やかな橙色に熟すと苦くなくなる。それどころか実が裂けてあらわれる種子のまわりのゼリーはとても甘くて、昔の子どもたちはおやつ代わりにしたという。収穫を忘れたニガウリが熟してしまったら、ぜひ試してほしい。

　しかし、甘いお菓子に囲まれた現代の子どもたちは、甘いニガウリくらいでは見向きもしないかもしれない。甘い味覚が好まれ、果物や野菜も甘くなる一方だ。果物は酸味のない甘いだけの品種が好まれるし、野菜も特有の苦味やえぐ味が嫌われて、癖のない品種が育成されている。食べ物ばかりではない。何より世の大人たちも厳しさがなくなり、子どもたちに対してすっかり甘くなっている。まさに甘いものに満ちた時代である。

　しかし、人生は甘くない。ニガウリだけは甘い顔をせず、深みのあるほろ苦さを私たちに思い出させてくれる存在であり続けてほしいものだ。

# オクラ

アオイ科

## アフリカン・スピリッツ

日本人が思いを寄せる花・サクラの語源は、田んぼの神様を意味する「さ」と、神霊が鎮座する「くら」から、神が宿る木という説がある。

サクラによく似た名前の植物にオクラがある。オクラの語源は何だろう。神霊が鎮座する「お鞍（くら）」だろうか。それとも、「お蔵」や「お倉」、あるいは「奥ら」だろうか？　そういえば、山上憶良（やまのうえのおくら）という歌人もいた。

いかにも美しい日本語に聞こえるオクラだが、その語源は遠く西アフリカの言葉にある。原産地である西アフリカではオクラのことを「ンクラマ」と呼んでいて、この発音が「オクラ」と聞き取られたのだ。今では世界各地で「okra」（オクラ）と呼ばれている。オクラは世界共通語なのだ。

オクラはアメリカから日本に伝えられた。今でこそオクラという呼び名で定着しているが、アメリカから日本に入ってきた当初は、「アメリカ・ネリ」という和名がつけられていたらしい。実が粘るからネリなのだという。日本語の「ネリ」のほうが、よほど

129　オクラ

アフリカの現地語らしく聞こえるのもおもしろい。

オクラは名前も日本人好みだが、ネバネバした食感がなんとも日本人向きだ。ネバネバの成分は多糖類である。多糖類は保湿効果があるので、乾燥を防ぎ水分を保つことができる。オクラのネバネバも、種子のまわりの水分を保つのに役立っているのかもしれない。

いずれにしても、結果的にこのネバネバが日本人の心を捉えたことは間違いない。納豆や山芋など、日本人はぬめったものが大好きだ。ぬめりは体にいいといわれ、オクラも暑い夏を乗り切る健康野菜として喜ばれている。今では醬油と鰹節を掛けられて、アフリカ出身とは思えないほど日本の食卓にすっかりなじんだ存在だ。

しかし、畑でオクラの花を見ると、やはり遠い異国から来た植物だという感じがする。

野菜の花は目立たないものが多いが、オクラはクリーム色の美しく大きな花を咲かせる。その美しさと豪華さは園芸用の花々もかなわないほどだ。それもそのはず、オクラは立派な花を咲かせるハイビスカスやタチアオイと同じアオイ科の植物なのだ。

オクラの花は、中心部が黒くなっていて、外側のクリーム色と美しいコントラストを見せている。まるで遠い異国の女性の美しい瞳のようだ。もっとも、外側と中心で色を変えてコントラストを描くのは、花を目立たせることで虫を呼び寄せ、花粉を運んでもらうためである。遠くアフリカの大地では、一体、どんな虫がオクラの瞳に惹き寄せられていたのだろう。

こんなに大きくて美しい花なのに、オクラの花の命は短い。せっかく咲いた花も、たった一日で落ちてしまう。美しく咲いてパッと散る、サクラに負けないこの潔さも、日本人の心をくすぐるではないか。

花が散るのも早いが、実が熟すのも早い。花が咲いて五日もたてば収穫できるようになる。しかも食べられる若い莢の時期はごくわずかで、たった数日収穫が遅れただけで、実がすっかり固くなって食べられなくなってしまう。しかし、がっかりすることはない。実が熟してしまったら、種子を取り出して焙煎すると、コーヒーのように飲むことができるのだ。モカやキリマンジャロなど、コーヒーといえば何といってもアフリカが本場だ。遠く最果ての地へ来ても、オクラはアフリカの誇りを忘れていないのだ。

モカというのは、コーヒーを積み出した港の名前である。かつてアフリカからは先進国の欲望を満たすために多くのものが搾取され、運び出された。象牙海岸や黄金海岸、胡椒海岸などの地名に、今もその歴史は刻まれている。そして奴隷海岸という地名もある。

昔、アフリカ大陸から大勢の人間が新大陸に送り込まれ、奴隷としての労働を強いられた。非暴力の黒人公民権運動を指導し、ノーベル平和賞を受賞したキング牧師は、かつてこんな演説を残している。

「今日も明日も、われわれは多くの困難に直面するでしょう。しかし、私には夢があります。それはアメリカン・ドリームに深く根ざした夢です」

オクラも、もともとは奴隷とともに新大陸に渡ってきたといわれている。オクラは今でもガンボスープやジャンバラヤなど、アメリカ南部のソウルフードによく使われる食材だ。黒人と運命をともにしたオクラが、どんな歴史を過ごしたのか私は知らない。しかし今やオクラは、世界中の食卓に並べられて人々に愛されている。

欧米ではオクラのことを、そのほっそりした実の形から「レディース・フィンガー」（淑女の指）と呼んでいる。かつて虐げられたアフリカ出身のオクラは、ついにはこんなにも高貴な称号まで手にしたのである。これぞまさにアメリカン・ドリーム。

先の演説でキング牧師はこう続けている。

「私は夢見ています。いつの日か、かつて奴隷だった者の子孫たちと、かつて奴隷主だった者の子孫たちとが兄弟愛をもって同じテーブルにつくことを」

キング牧師が夢見た食卓には、ほかでもない、オクラの料理こそふさわしいといえるだろう。

# ショウガ

生姜(しょうが)　ショウガ科

## 名脇役の苦労

「しょうがない」(生姜(しょうが)ない)と駄じゃれによく使われるショウガだが、しょうがないどころではない。

ショウガは目立たないが、私たちの食をしっかり支えている存在だ。牛丼や焼きそば、たこ焼き、お好み焼き、とんこつラーメンなどには、たっぷりと紅ショウガが使われている。B級グルメには欠かせない食材だ。肉料理では、焼肉のおろしショウガ、豚肉の生姜焼きなどがあるし、魚料理では、煮魚には刻みショウガが加えられ、焼魚には酢漬けが添えられる。もちろん、青魚の刺身の薬味には欠かせないし、お寿司のガリもショウガだ。食欲のないときには、おろしショウガを薬味に冷奴やそうめんもいい。

ショウガの利用を挙げればきりがない。ショウガはソースやカレー粉などとともに調味料にも利用されている。また、ショウガ酒やショウガ湯などの飲み物にも使われるし、炭酸飲料のジンジャエールもショウガが原料だ。これだけ活躍しているのに、決して目立ちすぎない。まさにショウガは名脇役だ。

多くの食べ物にショウガが使われているのは、単なる香りづけのためだけではない。ショウガには強い抗菌作用があるため、食あたりを防ぐ効果があるのである。さらに、たんぱく質を分解する酵素を含んでいるので肉をやわらかくするし、魚料理では生臭さを消す。ショウガの存在が主役の素材をうまく引き立てるのである。さらには食欲増進効果で観客を惹きつける。まさになくてはならない存在。その活躍は助演賞ものだろう。

ショウガには強壮作用もあるので、漢方薬などの薬としても利用されてきた。ショウガは英語で「ジンジャー」というが、それが語源となってジンジャーは動詞では「活気づける」という意味さえある。ソルジャーやレンジャーなどの言葉にも似て、ジンジャーも、いかにも元気そうである。そもそもジンジャーの語源は、古代インドの言葉で「角のような」という意味だというから、何とも勇ましい。

ショウガには体を温める作用もあるので、風邪のひき始めにショウガ湯を飲むという人も多いだろう。ところが、私たちを風邪から守ってくれる当のショウガは、風邪をひきやすいといわれている。ショウガは寒さに弱いので、低温に置かれると腐ってしまうのである。

何でもかんでも冷蔵庫に入れる時代である。なかには貯金通帳まで冷蔵庫に入れている人もいるらしいが、ショウガだけは冷蔵庫に入れてはいけない。風通しのよい冷暗所

135　シヨウガ

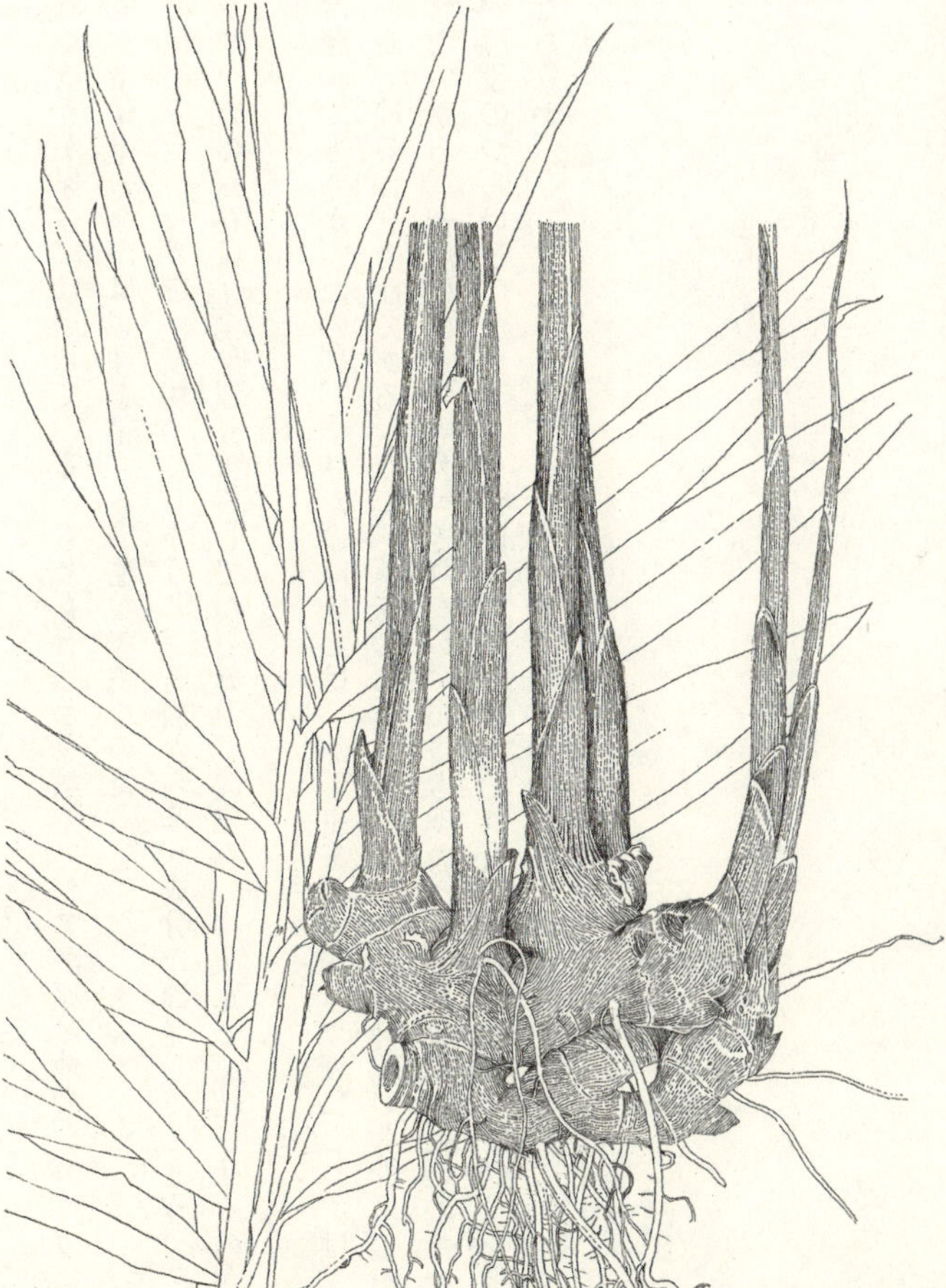

に置くほうが保存には適している。もともと暖かな熱帯アジアが原産地のショウガにとって、冷蔵庫のなかは想像を絶する過酷な環境なのだ。

ただし、ショウガを一度切ってしまうと、断面から辛味成分が揮発してしまう。そこでショウガの保存は、全部擂(す)り下ろしてからラップに包み、冷凍庫で凍結させるのがいい。

冷蔵庫でも寒かったのに、まさか冷凍庫とは。熱帯生まれのショウガにとっては、まさに身も凍る保存方法である。ただ、薬味であるショウガはどんな料理でも少量しか使われないから、一度にはとても食べきれない。出番も多いが、待ち時間も長いのだ。そこが脇役のつらいところ。ショウガにしてみれば、それもしょうがない、といったところだろうか。

# ミョウガ

茗荷（みょうが）　ショウガ科

## 忘れっぽいのも悪くない

昔、釈迦の弟子に周梨槃特（しゅうりはんどく）という男がいた。彼は頭が悪く、お経はおろか自分の名前さえ覚えられない。札に名前を書いて首から掛けていたが、札を掛けていることさえ忘れてしまう始末だった。

その男の死後、彼の墓から不思議な草が生えてきた。食べてみると辛いわけでもなく、苦いわけでもなく、何とも曖昧な味である。やがて、この草を食べると墓の主と同じように物忘れをするようになる、と人々は噂するようになった。

この植物がミョウガである。「ミョウガを食べすぎると物忘れをする」と、まことしやかにいわれている。別名は鈍根草（どんこんそう）。これもたくさん食べると愚鈍になることに由来する。

落語の「茗荷宿（みょうがやど）」は有名だろう。大金の入った財布を忘れさせようと宿屋の主人がミョウガ料理で客をもてなした。ところが思惑どおりにいかなかったどころか、客は宿代を払うのを忘れて行ってしまったという笑い話である。

ただし実際には、ミョウガは物忘れの成分など含んでいないから、ミョウガを食べると物忘れをしやすくなるという噂の真偽のほどは定かではない。

釈迦の弟子の墓からミョウガが生えてきたというくらいだから、ミョウガの歴史は古い。原産地はインドや中国であると考えられている。ところが不思議なことに、中国やインドにはミョウガの自生が見られない。一方、日本の山野には広くミョウガが自生している。そのため、ミョウガは日本原産の野菜であるという説もある。まさか、ミョウガ自身も来歴をすっかり忘れて思い出せずにいるのだろうか。ミョウガは原産地さえわからない謎に包まれた野菜なのだ。

ミョウガはショウガ科の野菜である。ショウガとミョウガは名前がよく似ていると思ったら、一説には男を意味する「せ」の「せうが」がショウガになり、女を意味する「め」の「めうが」がミョウガになったともいわれている。同じショウガ科の仲間というだけではなく、もう少し深い仲なのかもしれない。

ショウガ科の植物は地下茎から花茎(かけい)を伸ばすが、ミョウガは花茎をほとんど伸ばさず、地べたの上に花を咲かせる。この花の蕾が食用になるのである。ミョウガの花はくすんだ白色のような淡い黄色のような、何ともはっきりしない色である。しかし、日陰に咲くぼんやりとした花には不思議な美しさがある。

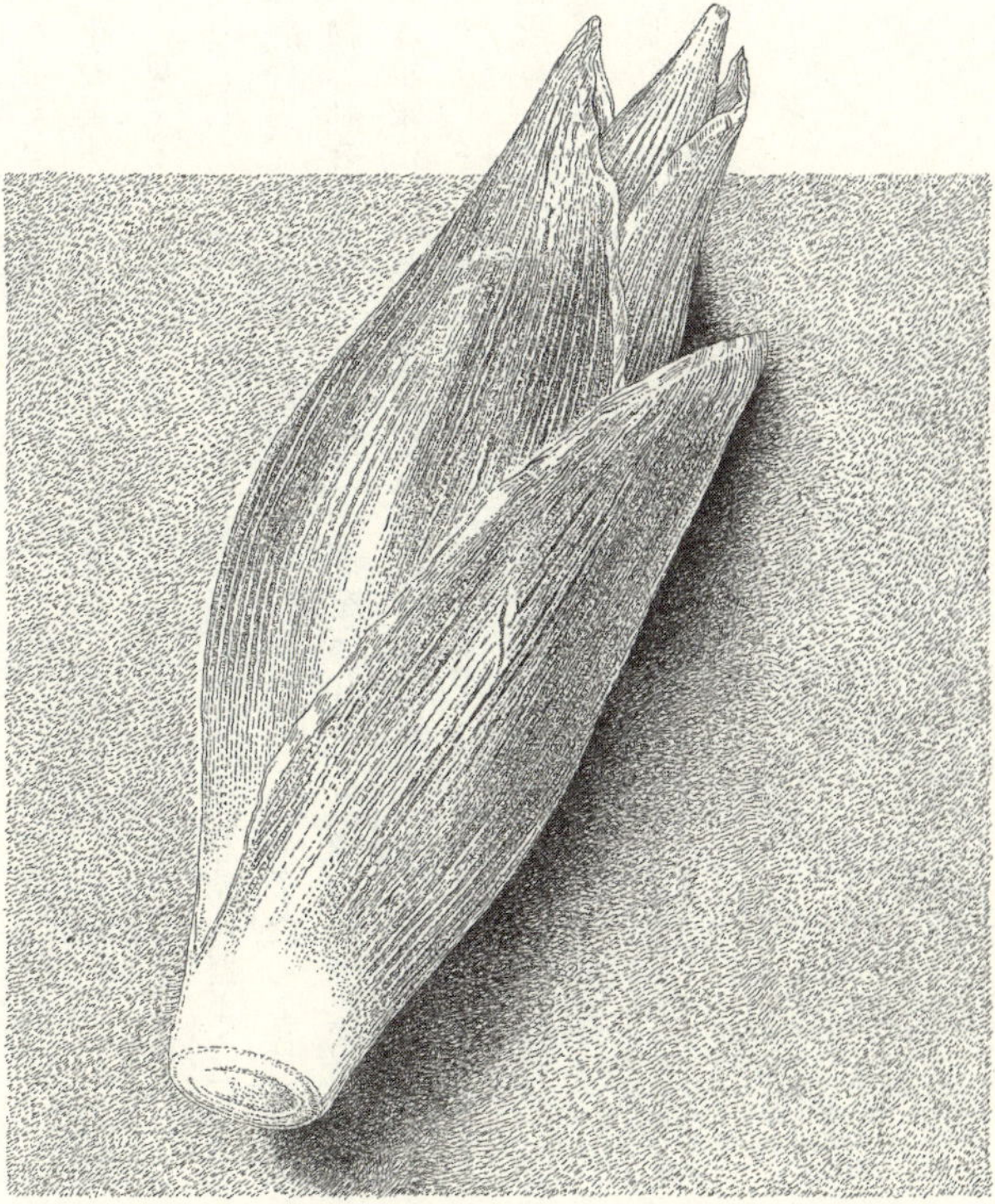

ところが、ミョウガの花は赤い、という話もある。これは一体どういうことなのだろう。赤い花の正体は、ミョウガの花の後にできた実のことである。実が開いたようすが花のように見えるので、「ミョウガの赤い花」と呼ばれているのだ。ぼんやりとしたミョウガの花が、じつに鮮やかな実を結んだように、冒頭に紹介した物覚えの悪い男、周梨槃特（しゅうりはんどく）は、彼をばかにするほかの弟子たちよりも先に悟りを開いたという。物忘れを極めて、ついには煩悩を忘れるにまでいたったのである。

私たちも年末には一年の憂さを忘れようと忘年会を楽しむが、いつまでも過ぎ来し方を省みるより、さっさと忘れてしまったほうがいいのかもしれない。ミョウガは冥加（みょうが）に通じることから、めでたいご利益があるともいわれている。冥加とは、神のご加護の意味である。

さあ、私たちもミョウガを食べて、いやなことは何もかも忘れ去ってしまうとしよう。

# ネギ

葱（ねぎ）

ユリ科

## 気が強いだけじゃない

雑煮は角餅か丸餅か、いなり寿司は四角形か三角形か、カレーに入れるのは豚肉か牛肉か。せまい日本でも関東と関西ではさまざまな食文化の違いがある。うどんもその一つだろう。関東では鰹だしに濃口醤油味の色の濃い汁だが、関西は昆布だしに薄口醤油の色の薄い汁である。関東人が関西のうどんを食べると、どんぶりの底が見えるほど汁は薄いことに驚くし、関西人が関東のうどんを食べると、汁が真っ黒いことに驚く。

関東と関西でうどんのつゆの色が違うのには理由がある。品質のよかった関西の薄口醤油に対して、関東では大豆と麦を利用した濃口醤油が作られ、握り寿司や天ぷら、鰻の蒲焼など、濃口醤油の文化を花開かせたのだ。また関西では、北海道から日本海航路で入手した昆布をだしに使ったのに対し、太平洋経由の運航は困難だったため関東では昆布が入手できず、魚だしを使うようになった。もっとも、火山灰層の関東はミネラル分が多い硬水なので、昆布だしには不向きだったともいわれている。

世界中の食べ物を食べあさる飽食の現代になっても、食に対する人々の嗜好は、地域の風土や歴史の影響を強く受けているものだ。

これだけ東西の交流が進んでも、関東のうどんと関西のうどんは相容れないらしく、カップうどんも関東向けと関西向けでは味を変えているという。

関東と関西のうどんの違いは、汁だけではない。関東のうどんにのっているネギは香りの強い白いネギだが、関西のうどんにはやわらかい青ネギがのっている。これも大きな違いだ。もっともこれは、人間の好みというよりは、ネギの事情によるものである。もともと白ネギと呼ばれる根深ネギは寒さに強く、中国大陸では、北方地域で栽培されていた。一方、青ネギと呼ばれる葉ネギは暑さに強いので、中国大陸では南方地域で栽培されていた。それが日本に伝えられて、関東では白ネギ、関西では青ネギが栽培されるようになったのだ。広大な中国では白ネギと青ネギが争うことはなかったが、せまい日本ではうどん論争に巻き込まれた。

頑固でいじっぱりが自慢の関東人が、「関西人はケチだから青いところまで食べる」といえば、関東にはぜったい負けたくない関西人も、「東京の田舎者(いなかもん)は白いところまで食べる」といい返す。どちらも気が強くて譲らないから、当分は決着がつきそうにない。

気が強いといえば、ネギも昔から「気が強い」といわれてきた。もっともここでいう

「気」とは、においのことである。ネギの学名「アリウム」は、強くにおうものを意味する「*Halium*」に由来する。日本でもにおいが強いことから、「き」と呼ばれていたという。古今東西を問わず、ネギは気が強いのだ。

大根足や、どてかぼちゃ、おたんこなす、いも姉ちゃんなど、どちらかというと野菜は女性の悪口によく使われる。しかし、ネギは違う。女性の美しく白い指は「指は葱根を削るがごとく」といわれ、ネギの根にたとえられているのだ。

美しい形容に用いられたネギは、一体、どんな花を咲かせるのだろう。ネギに花が咲くの？　と思うかも知れないが、もちろんネギにも花は咲く。「ねぎ坊主」と呼ばれているものがネギの花だ。美しい指に魅せられて顔を見てみたら坊主だったという感じだが、ネギの品位が損なわれることはない。

つぼみのうちは花全体が薄い膜に覆われている。この姿が僧侶に似ていることからねぎ坊主と名づけられた。古来、においの強いネギは邪気を払うといわれていて、ネギの花は神聖なものとされていた。橋の欄干や、お神輿の屋根についているタマネギのような形の擬宝珠はねぎ坊主を模った形であるといわれている。平安時代には天皇の輿は葱花輦と呼ばれ、ねぎ坊主の形をしていた飾りがついていたというし、昭和天皇の大葬の儀でも、天皇の御霊柩は葱花輦に乗っていたという。なんと気品ある野菜なのだろう。

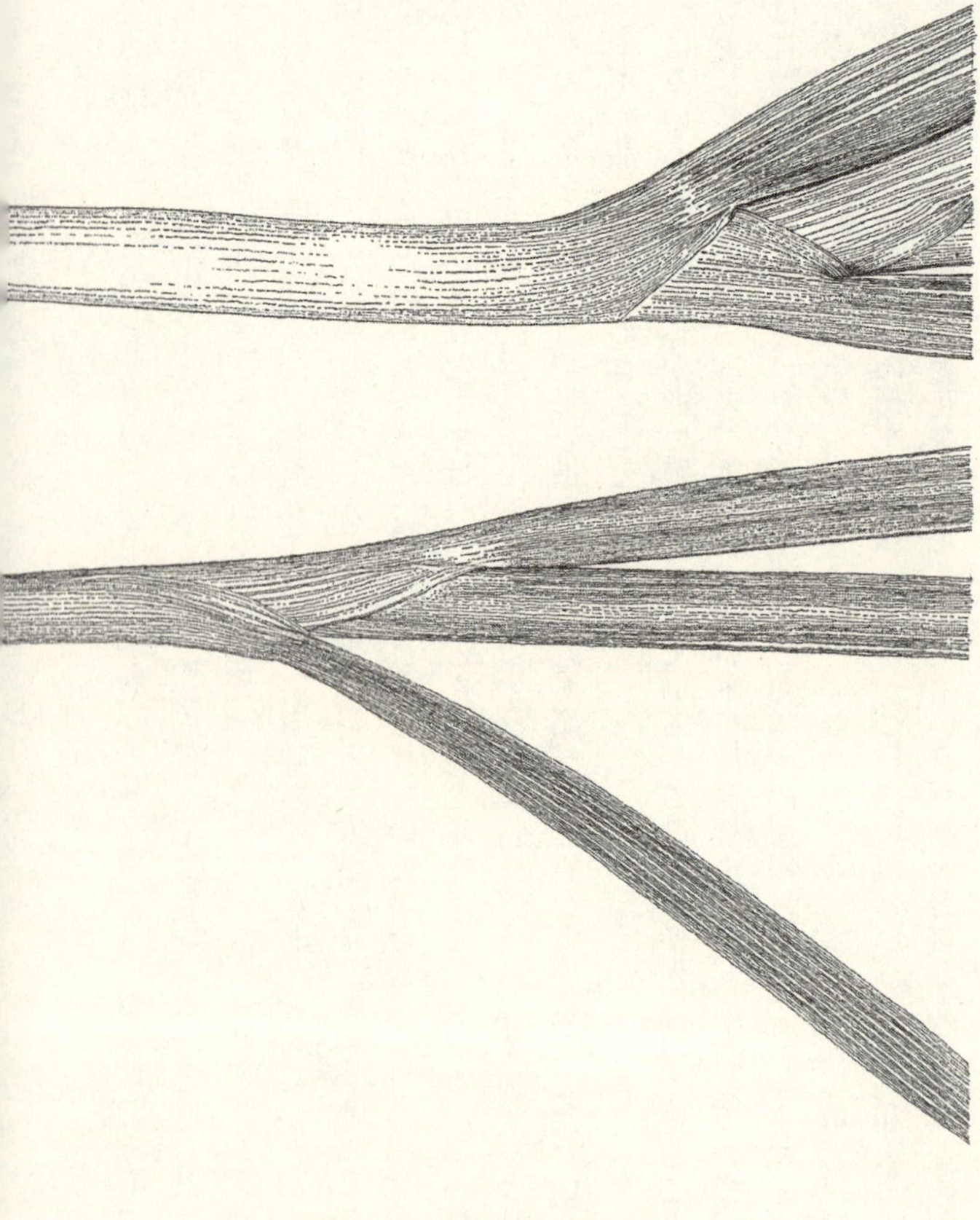

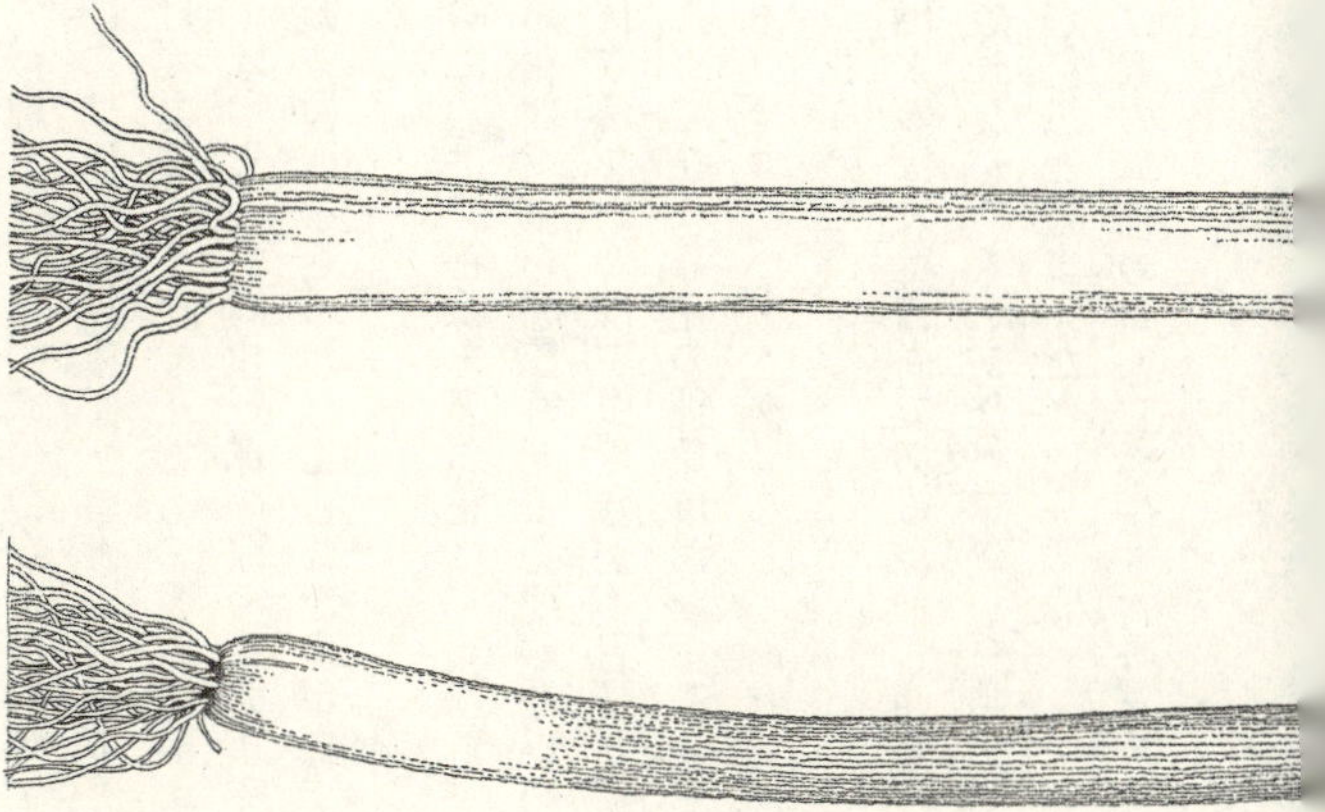

やがて、神聖な僧侶の頭の薄皮が破れて、いよいよ花があらわれる。ところが、半透明の花びらは何とも粗末で、ほとんど目立たない。突き出た雄しべや雌しべが姿をあらわすだけである。まるで子どもの愛らしいいがぐり頭のようだ。きちんと整列している畑のネギは、まるで高校野球の開会式のようでもある。女性の美しい指にたとえられ、僧侶の頭で神聖なものと称えられたネギは、最後に花開いて、少年のようになってしまうのである。

一般的に、虫で花粉を運ぶ花は、花びらで目立たせて虫を呼び寄せる。一方、風で花粉を運ぶ花は、虫を呼び寄せる必要がないので目立たない。ところが、ネギは花びらも粗末で目立たないのに、虫たちが不思議と集まってきて蜜を吸っている。それも、虫の種類によって訪れる花の種類はおおよそ決まっているはずなのに、ネギには、アブやハチ、チョウチョやハナムグリなど、ありとあらゆる虫たちが集まってくる。不思議な魅力を持つ花なのだ。

思い出すのは良寛和尚（りょうかんおしょう）である。厳しい修行の末に俗物を捨て、粗末な生活から乞食和尚と呼ばれながらも、「良寛さん」と誰からも親しまれた。彼のまわりには宗派を超えて人々が自然と集まったという。

その良寛の辞世の句として伝えられているのが、「裏を見せ表を見せて散るもみじ」

である。もみじに限らずふつうの植物の葉には表と裏があるが、ネギの葉には表裏はどうなっているのだろうか。当然、外側が表のように思えるが、そうではない。

　ネギの葉は中が空洞で筒のようになっている。じつは意外なことに、見えている筒の外側の部分が裏で筒の内側が表なのである。

　ネギの葉は、内側に丸まった葉の先がつながって円筒状になったものである。だから内側が表になる。ネギの葉は、内側のほうがぬるぬるしていて緑色が濃い。裏側というのは、ふつうはあまり見せたくないものだが、その裏側をすべて外側にさらけだしているとは、何とも正直なことだ。

　ネギがなぜこんな奇妙な葉を持つようになったのかはわからない。しかし、筒状になった葉は思いがけず子どもたちを喜ばせた。ネギの葉に息を吹き込んで膨らませた葱風船や、それをたたいて破裂させる葱鉄砲など、独特の形態をしたネギの葉は子どもたちの遊び道具になったのである。ホタルかごは麦わらで編んだが、それが面倒くさい子どもたちはネギの葉を折って、そのなかにつかまえたホタルを入れたという。ネギの葉から透（す）けて光るホタルの灯はずいぶん幻想的だったことだろう。

　そういえば、良寛和尚もかくれんぼや手まりつきをして子どもたちと無邪気に遊んだと伝えられている。ネギはどこまでも良寛を思わせる野菜である。

# ニラ
韮(にら)　ユリ科

## 怠け者と呼ばれて

ネギは古くは「き」と呼ばれていた。「き」は一文字なので、「ひともじ」(一文字)という別名もある。このひともじに対して、「ふたもじ」(二文字)と呼ばれた野菜がある。それがニラである。「ひともじ」や「ふたもじ」という呼称は、もともと平安時代の宮廷の女官たちの言葉だったという。

ひともじといわれたネギの古名「き」は、におい(気)が強いことに由来する。それでは、ふたもじのニラの名はどうだろう。ニラは古くは「ミラ」と呼ばれていた。ミラは漢字で美辣(みら)。これはズバリ、おいしいという意味だ。野菜の種類が少なかった昔は、ニラは大いに重宝されたという。それにしてもニラのほうがネギよりよほどにおいが強いようにも思える。ニラというと、餃子やレバニラ炒めなどの中華料理を連想するので、平安時代の女官たちがニラを食べている光景は、容易には思い浮かばない。においの強いニラは、現代ではウィークエンド・ベジタブル(週末野菜)と呼ばれて、女性から遠ざけられている。勤めのある平日には、とても食べられないということなのだ。いにしえの女官たちは、ニラの強烈なにおいは気にならなかったのだろうか。不思議である。

ニラは『古事記』や『万葉集』にも登場するほど古い野菜だが、現代のように大々的に栽培されるようになったのは、ごく近年のことである。昔は、畑や庭の隅に何株か植えられているという程度の存在であった。ニラは別名を懶人草（らいじんそう）という。懶人とは、怠け者のことである。ニラはつぎつぎに芽が出てくるので、一度植えておけば手間を掛けることなく何度も収穫できる。つまり怠け者でも育てられるという意味だ。条件がよければ年に十回以上、収穫することもできるというからすごい。

刈られても刈られても芽を出すことができるのは生長点が地際（じぎわ）にあるためである。植物の生長点は茎の先端にあるのが一般的だ。茎の先端から葉が一枚また一枚と展開しながら、上へ上へと伸びていくのである。ただし、この生長は欠点がある。茎が折れてしまうと、茎の先端の生長点が失われてしまうのだ。ところが、ニラは違う。ニラはごく短い茎が地際にあって、そこから葉を上へ上へと押し上げていく。だから、葉を摘んでも生長点は失われることなくつぎつぎに葉を出すことができるのである。

生長点が下にある植物で代表的なのはイネ科の植物である。イネ科の牧草は牛が食べても食べても伸びてくるし、芝生は刈っても刈っても伸びてくる。イネ科の植物は、牛や馬などの草食動物に食べられることに対抗して、草原地帯で進化してきたゆえんである。

ニラのふるさとも、モンゴルの草原地帯といわれている。ニラもまた草食動物に食べられる脅威にさらされながら、食べられても食べられても負けずに茎を伸ばしていたのだろう。牛や馬などはニラのにおいを嫌うので、強いにおいもそれらの草食動物に食べられないために発達してきたと考えられている。強烈なにおいと驚異の再生力。これだけの対応策を身につけるまでに、ニラは生き残りをかけて壮絶な戦いをしてきたのだろう。

怠け者の人間のせいで懶人草などという不名誉な名前をつけられてしまったが、当のニラは怠け者どころか、そうとうの努力家だ。

夏になるとニラは花茎を伸ばして花を咲かせる。夏の炎天下、濃い緑の葉のなかに咲く雪白色のニラの花には涼しげな印象がある。よくよく見ると、ニラの花はなかなか美しい。夏の夜空に輝く星のように均整がとれている。

一つ一つの小さな花はユリの花のようにも見える。じつはニラはユリ科の野菜なのだ。大きなユリの花を観察してみよう。花びらが六枚ある。ところが、ユリの花の本当の花びらは三枚で、残りの三枚はがくが変化して花びら状になったものである。つぎに、小さな小さなニラの花を観察してみよう。ユリと同じように花びらが六枚見える。これも、ユリの花と同じように三枚が花びらで、三枚ががくである。やはり、ニラの花の構造はユリと同じなのだ。ニラの花のにおいをかぐと、ほのかに甘い香りまでする。

151　ニラ

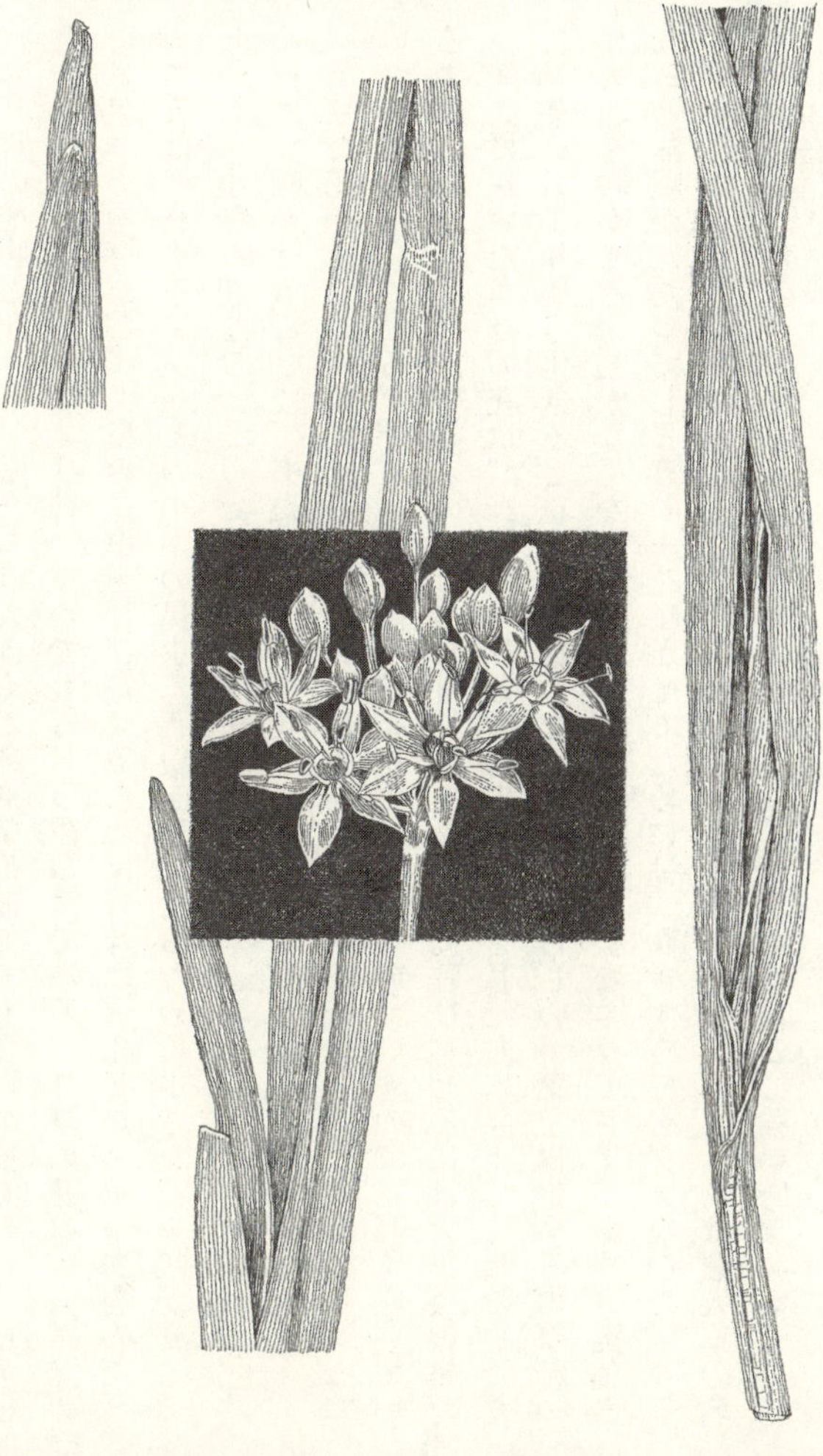

ユリ科の植物と聞くと、私たちは大きくて豪華な花をイメージしがちである。しかし、大きな花を咲かせるのはユリ科のなかでもむしろ少数派である。ユリの花は、スズメガやアゲハチョウなど、大型の昆虫を呼び寄せるために特殊に進化したグループなのだ。ニラは、ハチやアブなどの小型の昆虫に花粉を運ばせるために小さな花を咲かせる。しかし、小さな花をひっそりと咲かせていても目立たない。そこで、小さな花をたくさん集めて咲かせることで、あたかも大きな花のように見せているのである。

小さな花をたくさん咲かせる利点はほかにもある。ユリの花の生命は短いが、ニラはいつまでも咲いている。たくさんある小さな花が順番に咲いていくので、長く咲いているように見せることができるのだ。これも昆虫を長い期間呼び寄せるには大事な戦略だ。

庭先に咲いたニラの花は、野菜のニラとは別の楽しみを私たちに与えてくれる。ただし、葉をあまり摘みすぎると花が咲かなくなってしまうらしい。葉を再生するのが精一杯で花を咲かせる余裕がなくなってしまうのだ。生育旺盛なニラでさえ、あまり酷使されると無理がたたってしまう。一花(ひとはな)咲かせるためには、働きすぎてもダメなのだ。

何度となく家庭菜園に失敗したズボラな人ももう心配はいらない。ニラは懶人草の名のとおり、怠け者が育てるくらいがちょうどいい。私たちは何と心強い野菜にめぐりあえたことだろう。

# ラッキョウ
辣韮（らっきょう）　ユリ科

## 酸いも甘いも噛み分けて

ラッキョウはカレーライスのつけあわせに欠かせない。もっともカレーライスには福神漬けだ、と譲らない人もいるだろう。日本人の大好きなカレーライスには、人それぞれのこだわりがある。つけあわせ一つをとっても、ラッキョウ派と福神漬け派に分かれて大激論だ。

ラッキョウのライバルである福神漬けは、ダイコン、レンコン、キュウリ、ニンジン、ショウガ、ナタマメ、シソ、ナスなど、エース級の野菜が勢ぞろいしている。これに対して、ラッキョウはたった一人で互角の戦いをしているのだから、大したものである。

ところが、ラッキョウが意識せざるを得ないライバルは、本当はほかにいる。中国で「五辛（ごしん）」と謳われた強者（もさ）たちである。五辛とは辛味を持つ代表的な五大野菜で、ラッキョウのほかに、ネギ、ニンニク、ノビル、ニラという、いずれもネギ属の野菜である。なかでもラッキョウは、自分とよく似たニラをライバル視しているのではないだろうか。ラッキョウの花は紫色だが、白いニラの花とよく似た形をしている。

すでに紹介したように、ニラは古くから日本で栽培されていた。ラッキョウがいつごろ日本に伝わったか定かではないが、ニラより遅れて入ってきたことは間違いない。出遅れたラッキョウにとって、古株のニラは大いに気になる存在だったことだろう。

見た目はよく似たラッキョウとニラだが、決定的な違いがある。ニラは生育旺盛で葉をつぎつぎに出すのに対して、ラッキョウは暑さに弱く、葉を出すどころか枯れてしまうのだ。そのため、ラッキョウは葉を食べる野菜としては評価されなかった。

もちろん、ラッキョウとて、ただ夏の暑さに参っていたわけではない。ラッキョウは夏の暑さを避けて過ごすため、地面の下に鱗茎（りんけい）を作って夏眠するライフスタイルを身につけたのである。この鱗茎が人間に見出されて、ラッキョウは野菜としての地位を獲得するようになったのである。

これが功を奏した。葉に比べて貯蔵器官の鱗茎のほうが辛味成分を濃縮させてためやすいのである。

ラッキョウという名前は辛辣な味のニラという意味だという。さらに日本に伝わってからは、ラッキョウは「オオニラ」と呼ばれるようになった。いずれにせよ、ニラより優れているという栄誉を与えられたラッキョウは、大いに喜んだことだろう。ニラにしてみれば、葉の味で勝負しないのはずるい、といいたいところだろうが、ラッキョウに

155　ラッキョウ

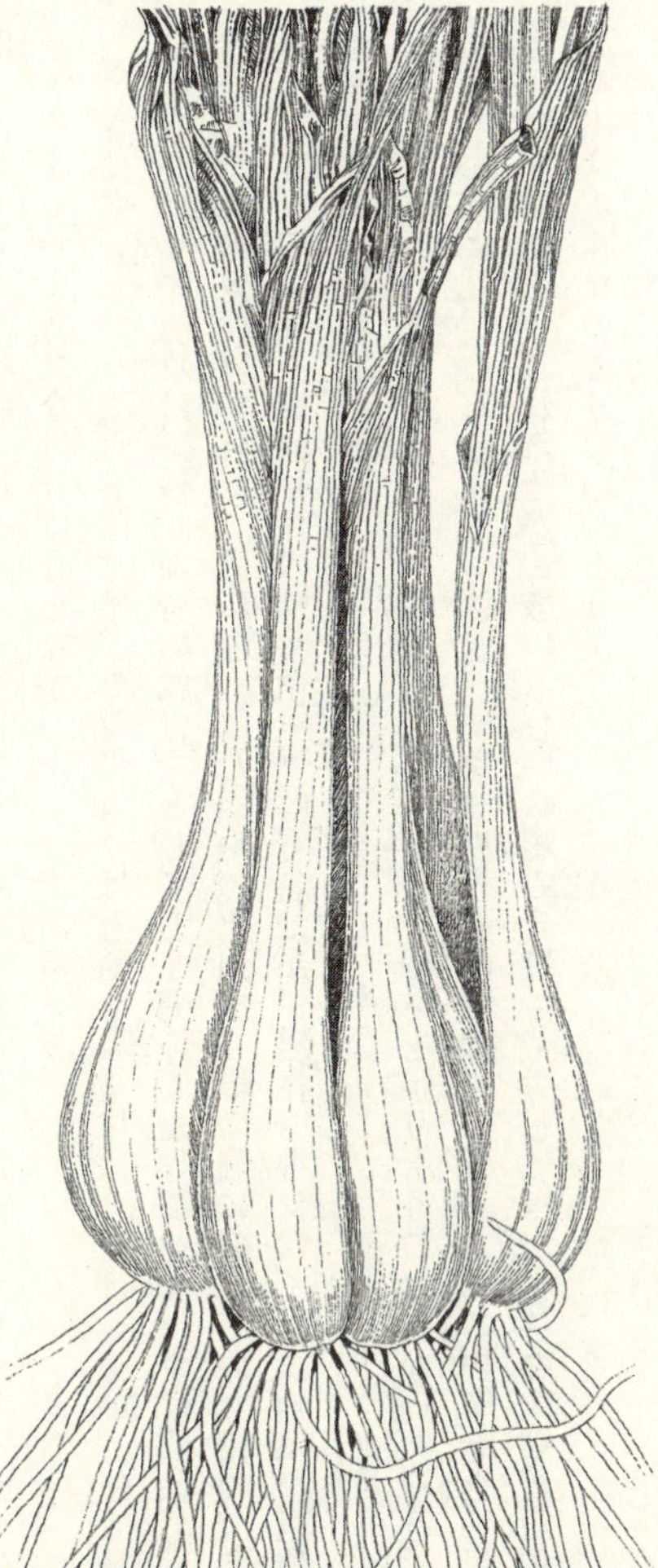

いわせれば「ひきょうもラッキョウもない」のである。
ところが、江戸時代の書物には、オオニラは「あまり賞味せず」と書かれている。実際にはラッキョウ独特のにおいが一般の人々に受け入れられるには、カレーライスが普及するまで時を待たなければならなかったようである。

暑さに弱いという欠点を除けば、ラッキョウは過酷な環境にはめっぽう強い。痩せ地でも育つラッキョウは、砂丘地帯の救世主として力を発揮した。ラッキョウは明治以降、砂丘地帯に植えつけられて、砂に埋もれた不毛の土地を、緑の畑に変えていったのである。福井県三里浜(さんりはま)や鳥取砂丘のラッキョウは有名だが、現在でもラッキョウの主な産地はすべて砂丘地帯である。

五辛と謳われたラッキョウ。しかし、もうニラと辛さを張り合うこともないだろう。辛いというより、むしろ甘酸っぱいラッキョウの漬け物は、カレーライスの辛味を不思議と引き立てる。これこそが、酸いも甘いも噛み分けて苦労してきたラッキョウだからこそ出せる味なのではないだろうか。

# ニンニク

## 精根を使い果たした

大蒜（にんにく） ユリ科

禅寺の門に「不許葷酒入山門」（葷酒山門（くんしゅさんもん）に入るを許さず）と石柱に書かれていることがある。葷酒とは、ネギ、ニンニク、ニラ、ノビル、ラッキョウの五種類の野菜と酒を意味している。

一休さんのとんち話の一つにも、「けものの皮を着ている者は、ここから入るべからず」という立て札が登場するが、お坊さんというのはよくよく「べからず」が好きらしい。ニンニクも、禁止好きのお坊さんにお寺への出入りを禁止されてしまったのである。なんでもニンニクの生臭いにおいが不浄な心を生じるとして嫌ったという。

しかし、ニンニクは強い抗菌作用を持っている。不浄どころか、潔癖なのだ。ニンニクには大腸菌やサルモネラ菌などの食中毒菌はもちろん、さまざまなカビや細菌類の繁殖を抑えるはたらきがある。昔、ヨーロッパでチフスが流行したときに、ニンニクを売っていた人だけはうつらなかったと、まことしやかに伝えられているくらいだ。日本でも、邪気払いのため軒先にニンニクを吊るす風習があった。これもあながち迷信とはいえないだろう。

もっとも、ニンニクをはじめとした葷菜が寺院に嫌われたのは、精力がついて無の境地に入れなかったからだともいわれている。どうも、こちらのほうが本当に思える。不浄なのはニンニクではなく人間のほうなのだ。

殺菌作用や強精作用だけでなく、ニンニクにはさまざまな効用がある。

たとえば、ニンニクには強壮作用があるので、食べるとスタミナがつく。

「大坂城を作ったのは誰でしょう?」という子どものクイズがある。答えは豊臣秀吉ではなくて、大工さん。「それでは、ピラミッドを作ったのは?」。答えは大工さんでもなく、もしかするとニンニクかもしれない。

古代エジプトでは、ピラミッド建設に従事する労働者にニンニクが給料として支払われていたという。事実、ピラミッド内部の壁画には、労働者がニンニクを食べているようすが描かれているらしい。もしニンニク・パワーがなかったとしたら、あの巨大な建造物はとてもできなかったかもしれないのだ。

さらには、薬効作用もある。たとえば、赤痢菌の治療薬としてニンニクを食べたという話や、ロシアでは抗生物質の代わりにニンニク・エキスを使っているというエピソードもあるくらいだ。また、悪玉コレステロールを減らして血をきれいにし、血の流れを

159　ニンニク

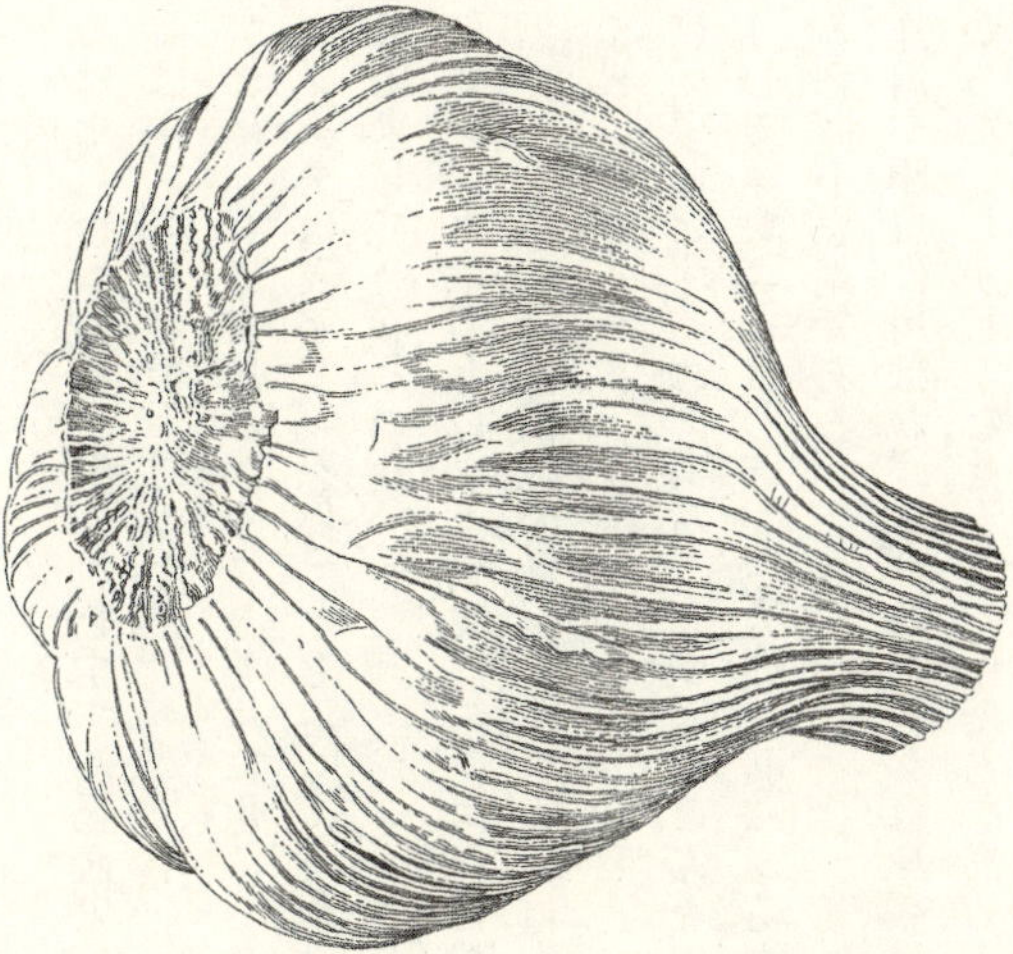

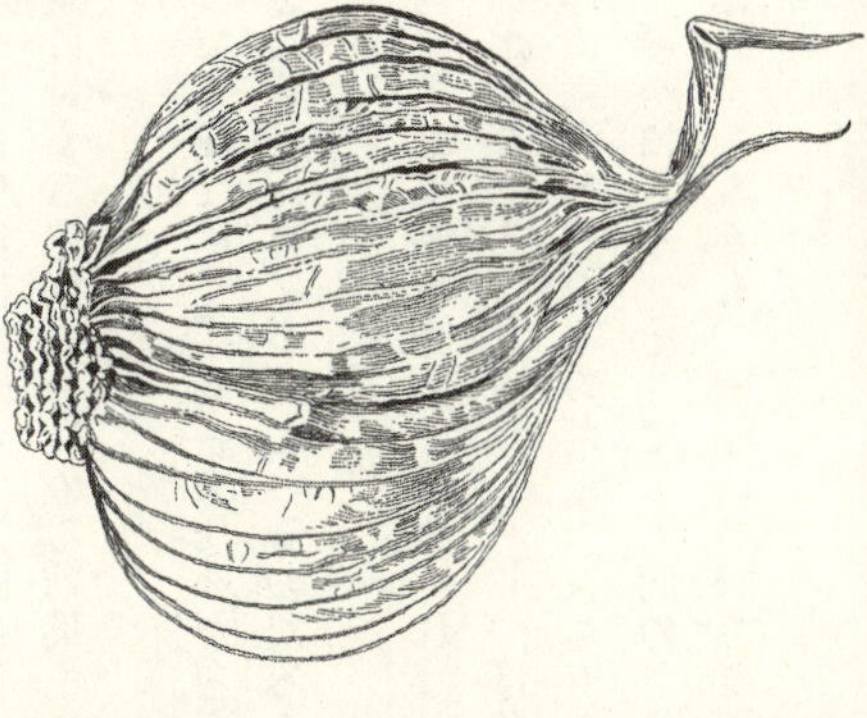

よくするはたらきもある。生き血をすする吸血鬼の喜びそうな話だが、あいにくドラキュラ伯爵はニンニクが苦手だった。

ニンニクは、昔は食用というより薬用に用いられていて、風邪をひくとニンニクを食べた。ニンニクは漢字で「忍辱」とも書く。良薬は口に苦し。臭いのを耐え忍んで食べたことに由来しているという。

確かにニンニクは風邪によく効く。ニンニクは殺菌や抗菌作用ばかりか、人間の体内にあるナチュラルキラー細胞のはたらきを強め、病気に対する免疫力を高める効果まであるのだ。

まさにいいことずくめである。しかし、こんなにまで人間に尽くす必要もないだろうに、どうしてニンニクはわざわざ人間の薬になる力をたくさん身につけているのだろう。考えてみれば不思議である。

殺菌作用や駆虫作用はわかる。ニンニク自身も、病原菌や虫から身を守らなければいけないからだ。しかし、なぜ人間の免疫力を高める作用まであるのだろうか。じつは強い殺菌作用を持つニンニクは、弱い毒として人間の体に刺激剤となるのだ。ニンニクの毒を排除しようと人間の体内の免疫力は高まり、防御態勢に入る。そして、人間のさまざまな生理作用が活性化されるのである。人間は平穏なときよりも、困難にあってこそその潜在的な力が発揮される。ニンニクは眠っている人間の能力を呼び覚ますのである。まさに毒と薬は紙一重といったところだろう。

精力増強に期待されるニンニクだが、意外にも、ニンニク自身は不稔（ふねん）、いわゆる「種なし」である。種子を熟すにはエネルギーが必要なので、種子をつけると、肝心のニンニクの玉の栄養分が少なくなってしまう。そこで、種子をつけないニンニクを人間が長い年月を掛けて選び出してきたのだ。そのため、ニンニクは鱗片で増やすしか方法がない。しかし、ニンニクの皮をむくとわかるが、多くの品種では鱗片が六個程度しかないから、たくさんは増えることができない。種なしの何ともつらいところだ。

それもこれもすべては人間のため。「忍辱」の文字通り、耐え忍ぶしかないだろう。

# ラッカセイ

落花生　マメ科

## 乾いた人生

信用が地に落ちてから、ふたたび実を結ばせるのは至難のわざだが、地に落ちて結ぶ実もある。その名も落花生である。

ラッカセイはマメの仲間だが、その莢はほかのマメのように地上には実らない。ラッカセイは花が咲き終わった後、子房柄が下に向かって伸び、地面に突きささる。そして子房柄は、さらに土のなかにもぐりこんで地中で莢を作るのである。つまり花が落ちてできるから「落花生」なのだ。

ラッカセイの豆は種子なので、ゆでたり炒ったりしていない豆であれば、まいて芽を出させることもできる。鉢やプランターで栽培してみてもおもしろい。やがて蝶の形をした黄色くかわいらしいラッカセイの花を見ることができるだろう。さらに、ふつうの草花は花が終わってしまえば見頃はおしまいだが、ラッカセイはこの後がお楽しみである。ラッカセイの子房柄が土を求めて伸びていく奇妙な行動を観察することができるのだ。地面にたどりつけなかった子房柄は結実しないから、ラッカセイの土に対する思い

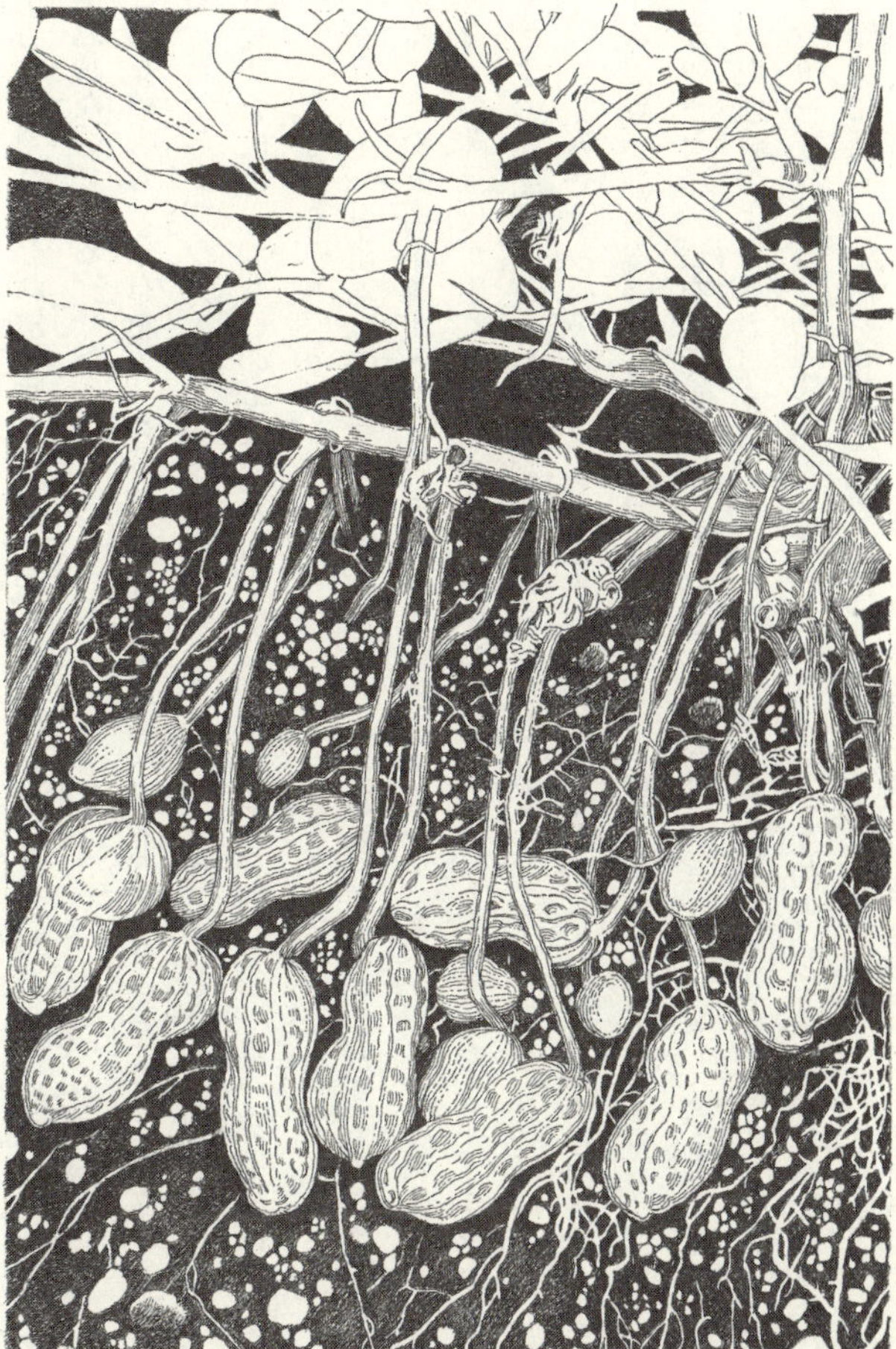

は相当のものだ。それにしても、わざわざ土のなかに種子を作るのだから、ラッカセイは不思議な豆である。

どんな植物も、分布を広げるために種子を遠くへ散布しようとさまざまな工夫をしている。ところが、ラッカセイのように土のなかに種子を作ってしまうと、いつまでたっても分布を広げられないのではなかろうか。でも心配は、ご無用。ラッカセイは、巧妙な方法で種子を散布するのだ。

ラッカセイの原産地はアンデス山脈のふもとの乾燥地帯で、ときどきまとまった大雨が降る。その大雨が濁流となり土をえぐって、ラッカセイの莢を流してくれるのだ。ラッカセイの莢は皮が固く、中が空洞で軽いので、水に浮かんで流れやすい。ラッカセイは、野生の状態ではこうして分布を広げていったのではないかと考えられている。

苦労して莢を土のなかにもぐりこませる理由は、種子である大切な豆を灼熱の太陽から守るためでもあるのだろう。ラッカセイの莢は、固く乾いていて種子を守っているのだ。ラッカセイの殻をよく見ると、しわしわの模様が浮き出ている。よく見ると、浮き上がった血管のようにも見えるが、これがマメに水や栄養分を送るための管なのである。ラッカセイは乾ききった土のなかで、おそらくは必死の思いで限りある水を種子に送り、懸命に新しい生命を育んでいるのだ。

マメ類の常識にならうことなく、あえて地面の下に莢を作るオレ流にこだわったラッカセイ。こうして作られて種は芽の出方も個性的である。

マメ類の発芽は、ダイズやインゲンのように地面の上に子葉（しよう）を出す地上子葉型と、アズキやエンドウ、ソラマメのように子葉が地面に展開せず地中に残る地下子葉型の二つのタイプがある。地面の上に子葉を出すのは、一般的な植物の発芽の方法だ。しかし、ソラマメのところで紹介したように、マメ科の植物の子葉には、栄養分がたっぷり蓄えられている。そのため不用意に地面の上に子葉を出すと、虫や鳥に狙われてしまうのだ。その点、地下子葉型は、子葉が地面の下にあるので危険は少ない。ただし地下子葉型には、子葉の保護なしに幼い芽が地面を貫通しなければならないので、芽が傷みやすいという欠点がある。どちらも一長一短なのだ。

ラッカセイの発芽方法はこのどちらでもない。子葉が目立たないように地表すれすれに展開するのである。両者のいいところを取ったのか、どちらのタイプがいいのか決めかねているだけなのか。真相はわからないが、どっちつかずの発芽方法は、ラッカセイなりの考えがあってのことだろう。

ラッカセイにはドライな印象があるが、いろいろ苦労もしているようだ。今夜はピーナッツの苦労話でも聞きながら、ゆっくり飲み明かすとしよう。

# シイタケ

椎茸（しいたけ）　キシメジ科

## 一体、何ものなんだ

シイタケの身の上は単純ではない。

野菜として売られているにもかかわらず、シイタケは農産物ではない。もともとは山で採られていたので、林産物として扱われているのだ。ただ、シイタケをはじめとしてヒラタケやエノキタケなど、栽培されているキノコ類は野菜と同じように副食として用いられることが多いので野菜として流通し、野菜売り場に並んでいる。

もっとも現代では、山で栽培されるよりも、おがくずなどを詰めたビンのなかでキノコの菌糸（きんし）を培養し、温度と湿度を制御した施設のなかで作られるのが一般的だ。農産物や林産物というより、むしろ工場で作られる工業製品というほうがぴったりするかもしれない。

シイタケはキノコの仲間だが、そもそもキノコが野菜なの？　と疑問に思う方もいるだろう。確かにキノコは植物ではない。餅に生えたり、風呂場にこびりつくカビと同じ仲間なのだ。菌糸で増えるカビやキノコは総じて菌類（きんるい）と呼ばれている。

もっとも、植物と動物のいずれかに大きく二分していた昔の分類法では、キノコは広義の植物のグループに入れられていた。ところが、である。もしかするとキノコは植物よりも、むしろ動物に近いのではないかとも考えられるのだ。

だしを取るには、動物性のだしと植物性のだしを組み合わせると相乗効果でおいしくなることが知られている。動物性の旨み成分は「イノシン酸」、植物性の旨み成分は「グルタミン酸」である。たとえば、動物性の鰹節と植物性の昆布は相性がよいので、合わせると、おいしいだしが取れる。

シイタケもだしを取るのによく用いられる。シイタケの旨み成分は「グアニル酸」である。グアニル酸は、イノシン酸やグルタミン酸と、どのような相性を示すのだろうか。グアニル酸は、植物性のグルタミン酸と相性がいい。つまり、シイタケのだしは動物性の特徴を持っているのである。

それだけではない。植物の体はセルロースやペクチンといった成分から作られているが、キノコの主成分はキチンやキトサンである。キチンやキトサンといえば、カニの甲羅や昆虫の外皮とまったく同じ成分なのだ。大昔、生物の進化が動物と植物の二つに大きく分かれたころ、キノコの祖先は動物のグループに入っていたのかもしれない。本当に不思議な存在である。一体、キノコは何ものなのだろう。

どうにも中途半端な存在のキノコだが、生態系のなかでは、なくてはならない重要な存在だ。たとえば、シイタケは倒木から生えるキノコである。シイタケは枯れ木のなかに菌糸を張り巡らせて、木を分解しながら栄養分を得ているのである。シイタケに栄養分を吸収された木はやがて朽ちていく。シイタケばかりでなく、多くのキノコは木や落ち葉に菌糸を張り巡らせて栄養分を吸収していく。そうすることで木や落葉はやがて分解されて土に還り、ふたたび森を育てるのである。こうして森の栄養分は、キノコのはたらきによって見事に循環しているのである。

もし、キノコがなかったらどうだろう。木や落葉は分解されることなく、森のなかにたまってしまうことだろう。石炭は大昔の森の木々が堆積して化石化したものだが、あの時代にはキノコがまだ進化していなかったために、分解されなかった大量の木々が石炭になったのではないか、ともいわれている。

ところで、植物は種子で増えるが、シイタケなどのキノコは胞子（ほうし）で増える。買ってきたシイタケの軸（じく）をとって傘を黒い紙の上に伏せて置いておくと、紙の上にびっしりと落ちた胞子を見ることができるだろう。シイタケなどのキノコは、ふだんは菌糸という糸状の姿をしている。そして、植物が花を咲かせて種子を作るように、キノコは胞子を飛ばすためだけに傘のついた、いわゆるキノコを作るのである。餅や風呂場に生えたカビ

も顕微鏡で見ると、胞子を飛ばすための小さなキノコのようなものを作っている。
ほだ木に菌を接種する技術が開発されるまでのシイタケの栽培は、山から胞子が飛んでくるのを待つだけの頼りないものだった。農民たちはすがる思いで山に祈ったと聞く。そんな思いを知ってか知らずか、シイタケは、森の奥深くでひっそりと傘を広げて胞子を飛ばしている。

風で飛ぶタンポポの種子は立派な綿毛を持っている。風で花粉を飛ばすトウモロコシは雄花を茎の先端に高々と掲げている。シイタケは傘の下にひっそりと胞子をつけて、はたして胞子を遠くまで飛ばすことができるのだろうか。

胞子が飛んでこなければ、農民たちは浮かばれない。もちろん、シイタケにも胞子を遠くへ飛ばすしくみを持っている。シイタケのひだを顕微鏡でよく見ると、ひだにはリケッチアと呼ばれる長い突起がいくつもある。このリケッチアは、ひだとひだがくっつかないようなつっかえ棒の役割をしている。こうして隙間を空けることで、胞子がひだの奥からでもスムーズに外に落ちるようにされているのである。

さらに工夫がある。シイタケをはじめとするキノコの多くは上側が丸みを帯びていて、下側が平らな半円の形になっている。この形に秘密があるのだ。森のなかを吹く風は、キノコの傘の下側は平らなのでまっすぐに吹き抜けていく。ところが傘の上側は丸みを帯びてカーブしているので、風は遠回りして流れてスピードが速くなる。すると傘の下と上とでは気圧の差が生じ、気圧の低い上方向へ向かって揚力（ようりょく）が発生する。この揚力によって胞子が舞い上がっていくのだ。もともと、ごく小さな胞子である。舞い上げられた胞子は風に乗ってどこまでも飛んでいく。

　何とも難しい理屈だと思ったら、驚くことにこれは飛行機が飛ぶ理論とまったく同じである。飛行機の翼も揚力をはたらかせるために、下側が平らで上側が丸く盛り上がっている。なんとキノコは現代の航空力学と同じ理論によって、胞子を飛ばしていたのである。

　一体、こんな理論をどこで思いついたのだろう。まったく、キノコは不思議な存在だ。

# サトイモ

里芋（さといも）　サトイモ科

## 昔はよかった

サトイモは何といってもあの大きな葉っぱが印象的だ。サトイモの大きな葉っぱでお面を作ったり、傘のかわりにして遊んだ思い出を持つ方も少なくないだろう。

サトイモの原産地は熱帯アジアである。確かにあの大きな葉っぱは、いかにもジャングルに似合いそうである。トロピカルな雰囲気を持つサトイモ科の植物には、観葉植物として利用されているものも多い。もちろん、サトイモだって鉢植えにすれば観葉植物としても十分に通用するだろう。サトイモの芋を水につけておけば、小さな葉を出してくるので、室内のインテリアとしても利用できる。

サトイモの茎は「ずいき」という。もっとも茎のように見えるずいきは、実際には葉柄（ようへい）と呼ばれる葉の一部分である。それでは本当の茎はどこかというと、芋の部分が茎に相当する。サトイモは茎を芋状にして、そこから大きな葉っぱをつけているのである。

大きすぎる葉は、光を受けるうえでは決して効率的とはいえない。植物の葉にとって光は重要だが、強すぎる光はかえって害になる。だから、一枚の葉で光をすべて受ける

173　サトイモ

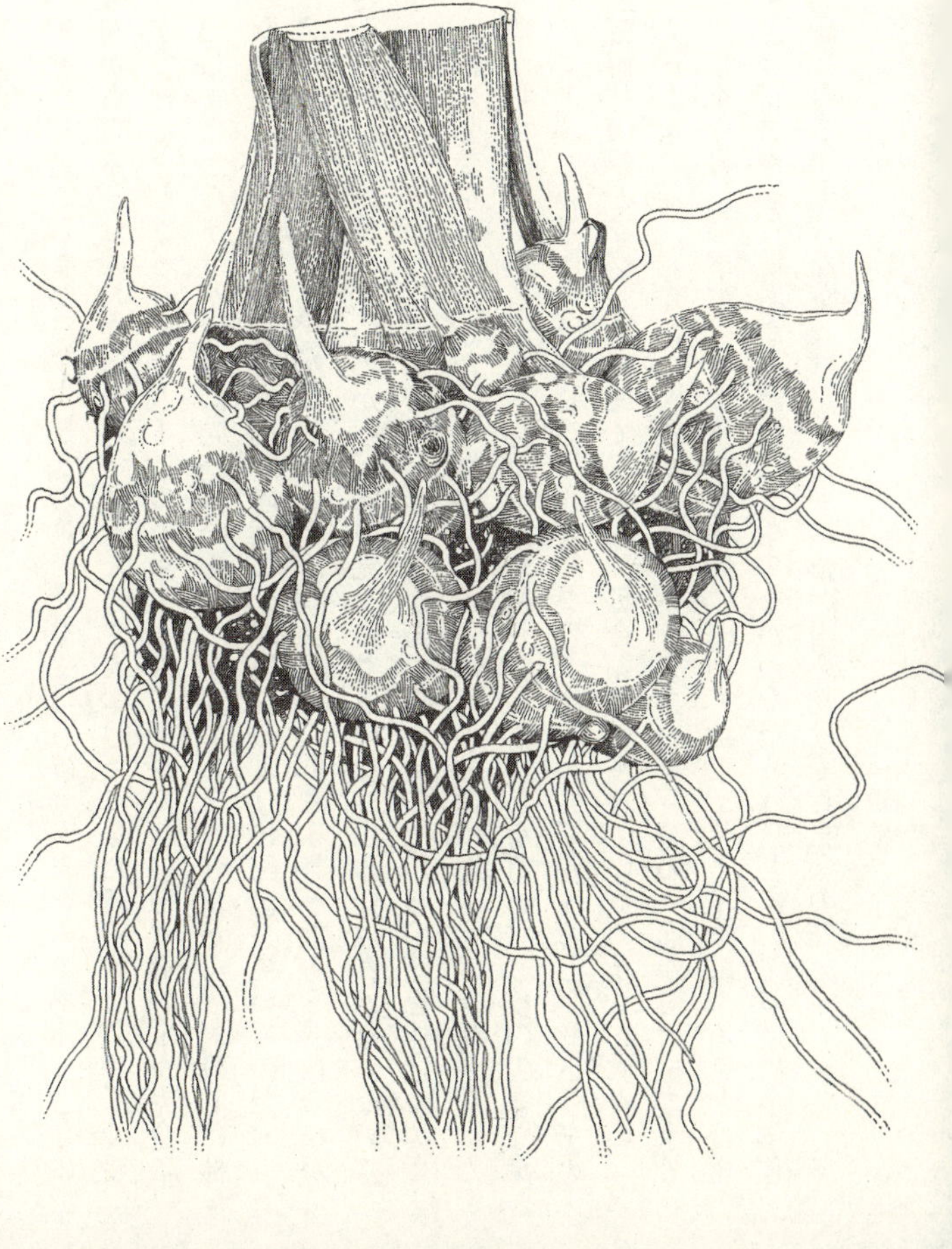

よりも、光をやり過ごしながら、何枚かの葉で光を受けるほうがよいのである。さらに、光は一方向から来るとは限らないから、葉をたくさんつけておいたほうが、効率よく受けることができる。ところが、サトイモのように一枚の葉が大きいと、その下が完全に陰になってしまうから、ほかの葉に光が当たらなくなってしまう。だから、一般的に植物は小さな葉をたくさん出して、すべての葉に光が当たるように配置しているのだ。

ただし、大きな葉が有利なときもある。それは森の底に生えるときである。森のなかはたくさんの木が生い茂っているから、弱い光を逃さずに受け止めなければならない。茎を伸ばして葉をつぎつぎ作っても、どうせ光が当たらないのだから、茎を伸ばすエネルギーを節約して葉を大きくしたほうがいい。さらに森の地面に届く光は、生い茂った木々の隙間からこぼれてくるから、必ず上から射してくる。となると、一枚の大きな葉を上に向けて広げていることは、じつに合理的なのである。もしかすると、サトイモの先祖も熱帯雨林のジャングルの奥底で、木漏れ日を頼りに生きていたのかもしれない。

しかし、大きな葉には、ほかにも問題がある。葉が大きいと、葉の表面から大量の水分が蒸発してしまうのだ。事実、サトイモは乾燥に弱い。ただ、サトイモのふるさとは雨の多い熱帯アジアだから、あまり問題にはならなかっただろう。とはいえ、逆に多すぎる雨も問題になる。大きな葉っぱがまともに強い雨を受けてしまうのだ。

熱帯原産のサトイモ科の観葉植物には、奇妙な形の葉をしているものがある。葉が深く切れ込んで欠けたようになっていたり、葉に穴があいたようになったりしているのだ。これは葉の細胞が「アポトーシス」という現象によって、自らの葉の一部を死滅させるのである。細胞が自らの葉の一部を死滅させるというのは何とも不思議だが、特別なことではない。人間でも胎児が成長する過程で指と指の間にあった細胞がアポトーシスを起こし、指が形成されるといわれている。オタマジャクシがカエルになるときに尻尾がなくなるのも、アポトーシスによるものだ。サトイモ科の植物がアポトーシスによって奇妙な形の葉を形成する理由は、強く降る雨をやり過ごして避けるためであるといわれている。サトイモには葉の切れ込みはないが、葉が破けて裂けやすくなっている。もしかすると、これも雨をやり過ごすための対策なのかもしれない。

　サトイモにはほかにも雨対策がある。葉の表面に細かな毛が生えていて、おまけにろう物質を含んでいるので水をはじくのだ。サトイモの葉に思い切り水をかけても、まるで撥水処理をしてあるかのように気持ちよく水をはじいて、濡れることがない。

　昔は、七夕の日にサトイモの葉の上にたまった水滴で墨をすって短冊に字を書くと、書が上達するといわれた。大きな水滴がとれるのも、サトイモの葉が水をはじくからこそだ。

サトイモは海外では「タロ」と呼ばれていて、中国大陸から東南アジア、ミクロネシア、ポリネシアでは、現代でも広く主食として用いられている。日本にもかなり古い時代にこのタロイモが伝わり、日本もタロイモ文化圏の一郭をなしていたものと考えられている。

「日本人は米食民族で、米は日本の文化の礎だ」

こんな論調を、サトイモは苦々しい思いで聞いていることだろう。なにしろ米さえなければ、日本の文化の礎はこのサトイモだったはずなのである。

サトイモは古い時代に日本に伝えられ、当時満足な作物がなかった日本の食生活を支える主役として活躍した。ところが、サトイモの時代はいつまでも続くことはなかった。やがて日本に米が渡来したのである。米は収量も多く、貯蔵性に富む。米はサトイモから主食の座を奪い取り、日本を瑞穂の国に変貌させてしまったのである。

しかし、かつてサトイモが主役として活躍した足跡は、現代でもしっかりと残っている。お正月には餅米で作った餅を食べるが、おせち料理や雑煮にサトイモが欠かせないという地方も少なくない。中秋の名月には米の粉で作った月見団子を供えるが、芋名月（いもめいげつ）といってサトイモを供える風習も残っている。さらに、納豆、餅、とろろ、なめこなど、外国人が苦手とするネバネバした食感を日本人が好むのは、サトイモの遠い記憶がある

177　サトイモ

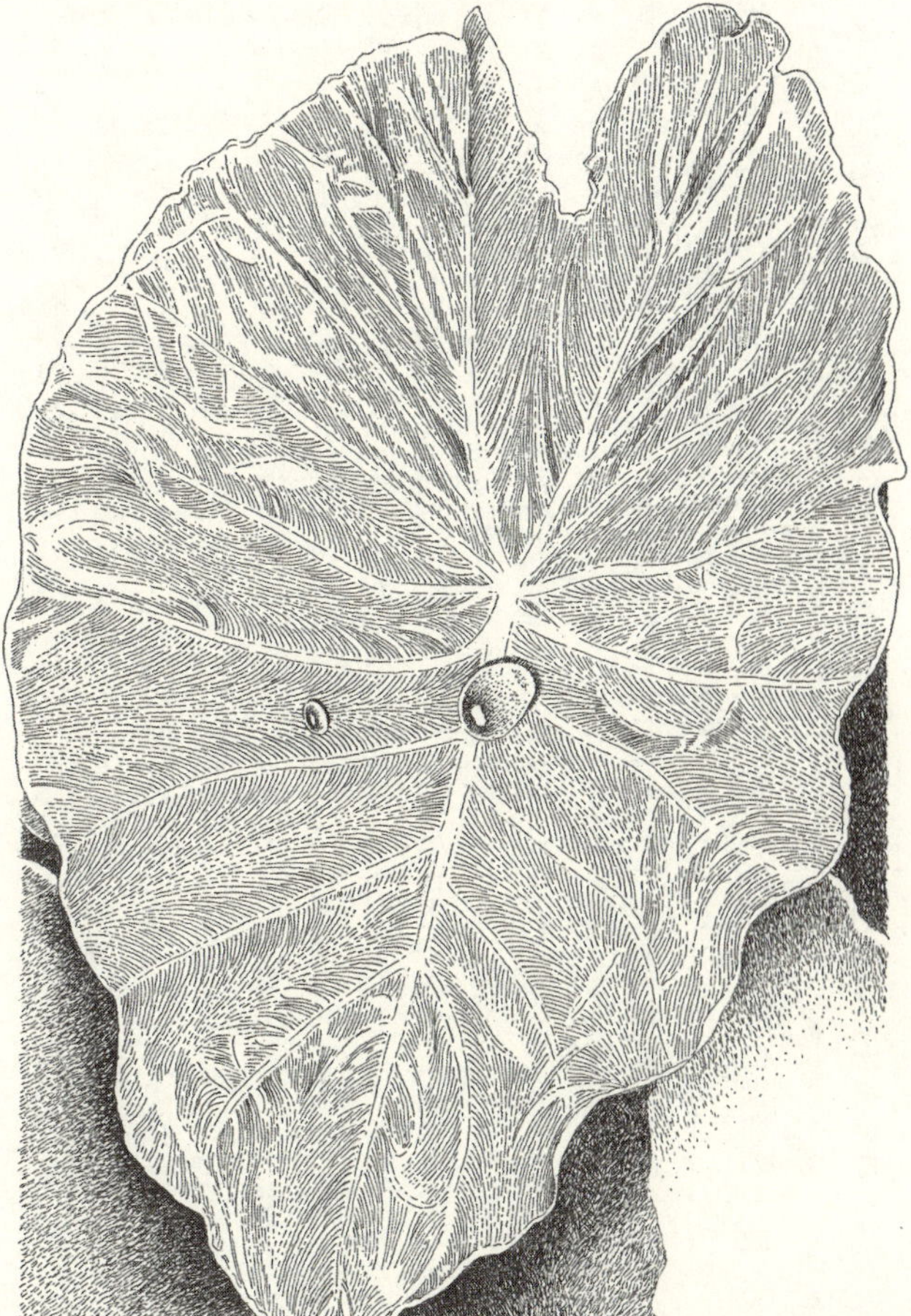

からではないか、ともいわれているのだ。

まあ、日本人にとって米は特別な存在だ。米に主役の座を奪われたのはしかたがないだろう。ところがサトイモにとっては、さらに憤懣やるかたないことが起こった。米に負けたとはいえ、古くは単に芋といえば、いわずもがな、サトイモのことだった。それなのに、江戸時代以降になるとサツマイモやジャガイモなど、外国からやってきた新顔が幅を利かせるようになり、芋の主役の座さえ奪われてしまったのである。

外国出身の芋たちも今では、肉じゃがや石焼き芋、切干し芋など、すっかり日本文化の顔として定着している。今日では「芋」という言葉に何人の人がサトイモを思い浮かべるだろうか。サトイモの立場は危うくなるばかりだ。

「芋の子を洗う」という言葉にも、最近ではサツマイモやジャガイモをイメージする人が多いだろう。しかし、これも本来はサトイモのことである。サトイモは元の親芋のまわりに新しい小芋がたくさんつく。これが芋の子である。サトイモは手で洗うとかゆくなるので、水を入れた桶のなかで、棒でかき混ぜて芋どうしをこすって洗ったのである。

サトイモには、芋の子教育という言葉もある。芋の子を洗うように世間の荒波にもまれながら強く育てるという意味だ。芋の子はぶつかりあって磨かれる。「芋」の座をめぐる争いは熾烈だが、こうなればサトイモも芋の子教育で頑張るしかないだろう。

# ジャガイモ

## 歴史は芋で作られる

馬鈴薯（ばれいしょ）　ナス科

「ジャガイモは何科の植物でしょう？」と尋ねると、「イモ科！」と答える人がいる。気持ちはすごくわかるのだが、残念ながら「イモ科」という科はない。ジャガイモはナス科である。ジャガイモのどこがナス？　と思われるかもしれないが、ジャガイモの花はナスの花によく似ていて、花を見れば、なるほどナス科という感じがする。

同じナス科にはトマトがある。それならばと、ジャガイモとトマトから新しい植物が作れないか、という試みが行われた。地下にジャガイモができて、地上にトマトがなれば、どんなにいいだろう。ただ、同じナス科とはいっても、種類の異なるトマトとナスをふつうに交配しても種子はできない。そこで、お互いの細胞を融合させて雑種を作るというバイオテクノロジーによって、夢の雑種を創り出した。それが「ポマト」である。ポテトとトマトの雑種だからポマトなのだ。

ところがうまい話はないものである。残念なことにポマトは、トマトというには実が小さすぎて、ジャガイモというには芋が小さかった。つまり、芋も実も満足なものはできなかったのである。

やはり夢は夢のままに終わるのか。ただし、奥の手を使えば、地上にトマトという植物を作ることができる。野菜の栽培では接ぎ木という方法がよく用いられる。病気や環境に強くするために、同じ仲間の植物の根に、野菜の苗の茎をつなげてしまうのである。たとえばスイカは同じウリ科のユウガオを台木にするし、ミカンは同じミカン科のカラタチに接ぎ木する。これと同じ方法で、ジャガイモの茎をくさび形に切って上の部分を取り除き、そこにトマトの茎をつないでビニールテープでとめてしまうのだ。やがてジャガイモの茎とトマトの茎がくっついて一つの植物が出来上がる。少しずるいようだが、これもジャガイモとトマトが同じナス科という近縁の植物どうしだからできる芸当だ。

ところで、「ジャガイモの芋は根か茎か?」というのもよく聞かれる質問だ。ダイコンやゴボウなどにはひげのような細かい根がついているのに対して、ジャガイモの表面はつるつるだ。じつは、ジャガイモは地下茎の先端がふくらんでできている。つまり、茎なのである。ジャガイモを日の当たるところに置いておくと、芋の表面が緑色になってくる。これはジャガイモが茎なので、光合成を行うために葉緑素が作られるのである。

ジャガイモの芽は一見すると無秩序に散らばっているように見えるが、驚くことに、

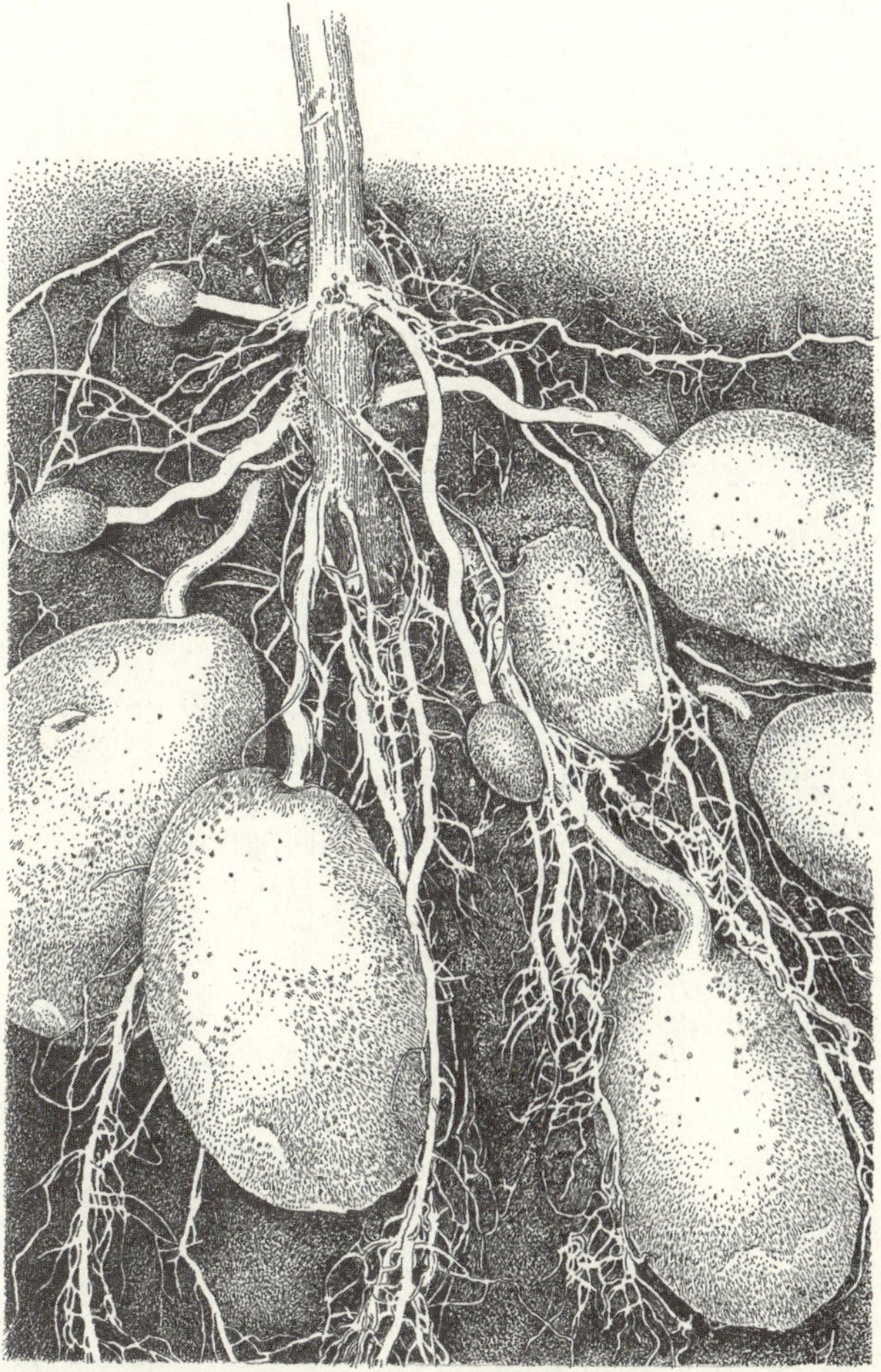

ある規則にしたがっている。ジャガイモをよく見ると、へこんだ部分がある。これが細長い地下茎とつながっていた芋の基部だ。その逆側が地下茎の先端ということになる。この先端に近いほうから順番に芽の位置に印をつけていくと、螺旋を描くように配置されていることに気がつくだろう。しかも、その芽の位置は茎の円周を五分の二周ずつまわったところと決まっている。地上に伸びるすべての植物の茎は、螺旋を描くように葉を配置しながら伸びている。ジャガイモも茎だから、同じように規則的に芽を作りながら生長していたのだ。

ジャガイモを放っておくと芽が出てきてしまうが、まず芽を出すのは芋の先端の部分からである。地上に伸びる植物を考えてみると、茎の先端がまず伸びて、つぎに腋芽(えきが)が伸びるから、これも同じだ。そういえば、芋の先端に近いほうに芽が集まっている。茎の先端に芽や葉が詰まっているのも地上に伸びる植物の茎と同じである。

ジャガイモの芽の部分は食べないほうがいいといわれている。芽は「ソラニン」という有毒物質を含んでいるためだ。ソラニンはめまいや嘔吐などの中毒症状を起こし、わずか四〇〇ミリグラムが致死量というからバカにできない。ジャガイモの芋の部分はもちろん無毒だが、茎や葉はソラニンを含んでいて有毒である。ジャガイモが地上に芽を出せば、その芽や葉を狙う虫や動物が少なくない。だから、ジャガイモは毒で必死に身を守ろうとしているのだ。そんなジャガイモの苦労を考えれば、私たち人間がジャガイモの芽が出た部分を取り除くぐらいの労を惜しんではいけないだろう。

芽が伸びて食べられなくなってしまったジャガイモは、プランターにでも埋めておけば、さらに芽を出してくる。ジャガイモは栽培しやすいので、芽が出たイモを育てれば、家庭でも簡単に掘り立ての新ジャガを楽しむことができるのだ。

ところが園芸店へ行くと、わざわざジャガイモの種芋なるものを売っている。見かけは八百屋にあるジャガイモと何ら変わりないのに、値段は高い。売っている種芋(たねいも)はどこが違うのだろうか。

じつは種芋には、ウイルスを取り除く処理が施されているのである。ウイルスは種子には感染しないものが多いので、種子で増やす作物はウイルスがあまり問題にならない。ところが、ジャガイモのように芋で増える作物にとっては深刻である。元の株がウイルスに感染していると、そこから増やした苗はすべてウイルス病に感染してしまうのだ。ウイルスは植物のすみずみまで入りこんでしまうので、これを除去することは簡単ではない。ところが唯一ウイルスに感染しにくい場所がある。植物の茎の先端には生長点と呼ばれる部分があり、そこでは新しい細胞をつぎつぎと作り出して、茎を伸ばしていく。この新しくできたばかりの細胞は、まだウイルスに感染していない可能性が高い。

手垢に汚れていない純真無垢の赤ん坊のような存在なのだ。

一方、植物は小さく切っても元に戻る能力を持っている。花木の枝を切って挿し木にすれば根づくし、さらには、細胞単位にまで小さくしても、理屈の上では条件さえ整えてやれば元の姿に育てることが可能だ。そこで、茎の先端にできたばかりのウイルスに感染していない細胞を培養して育てると、ウイルスに感染していないウイルス・フリーと呼ばれる植物を作ることができる、というわけである。ジャガイモの種芋はこの方法で作られたウイルス・フリーなのである。

ジャガイモは栄養価が高く収量も多いうえに、冷涼な気候や痩せた土地でも育つので、原産地の南米アンデスからヨーロッパに伝えられた後、とくに北ヨーロッパでは麦に代わる重要な食糧となった。ジャガイモはヨーロッパの食文化を大きく変えたのである。ところが、それればかりではない。ジャガイモには世界の歴史を大きく変えたエピソードが残っているのだ。

一八四五年。ジャガイモを主食としていたアイルランドに、ジャガイモの病害が蔓延し、収穫がほぼ皆無となる壊滅的な被害をもたらしたのである。ジャガイモは芋で増やされ、栄養繁殖するので、増えた個体はすべてクローンとなる。アイルランドでは、最初に持ち込まれたたった二株のジャガイモから増殖して、栽培していたという。つまり、最初に導入したジャガイモがその病害に対して抵抗力を持っていないとすれば、アイルランド中のジャガイモが、すべて病気になってしまうのである。ジャガイモが栄養繁殖性の植物だったことが招いた悲劇ともいえる。飢饉による餓死者は百万人以上ともいわれ、おびただしい数の人々が国を捨て、新大陸へ移住した。

ところが物語は終わらない。アメリカの地へ渡った多くのアイルランド人たちは、その後のアメリカに大きな繁栄をもたらしたのである。アイルランドの人口は、この事件によって八百万人から四百万人に半減してしまったが、一方で、現在アメリカ合衆国に住んでいるアイルランド系の人々は四千万人にものぼるといわれている。四十三人の歴代大統領のうち、アイルランド系の大統領は、じつに二十人を数え、ケネディやニクソン、レーガン、クリントンらの歴史上著名な大統領もまた、飢饉を逃れて海を渡ったアイルランド人の子孫である。もし、大飢饉がなかったら、そして、必死の覚悟で新天地へ逃れたアイルランド人がいなかったとしたら……新大陸の荒れ果てた未開の地に、現在の世界一の大国が果たして築かれただろうか。

自然界では植物がなければ動物は生きていけないというのが常識だ。それは人間とて同じことである。植物の存在は私たち人間の生活に大きく影響する。たかがジャガイモ一つ。しかし、その一つのジャガイモが人間の歴史を大きく変えたのである。

# サツマイモ
## 薩摩芋(さつまいも)　ヒルガオ科
## 芋呼ばわりも悪くない

「イモねえちゃん」というと、ずいぶんバカにした言い方だが、「イモ爺さん」という言葉には、逆に尊敬の念がこめられている。

サツマイモは中米原産の植物である。日本に伝えられた当初は、異国の地からやってきた芋に多くの人は違和感を隠せなかった。それを心ある人々が立ち上がり、救荒食としてサツマイモの普及に苦心し、多くの民を飢饉から救ったのだ。そんな各地の偉人たちは、その功績から「イモ宗匠(そうしょう)」や「イモ爺さん」と称えられて、人々の尊敬を集めたのである。もっとも有名なのが、江戸の人々をサツマイモで救った「甘藷先生」こと青木昆陽である。甘藷というのはサツマイモの別名である。

そんなことは、食うものもろくになかった遠い昔の話と思うかもしれない。

しかし、わずか半世紀前の太平洋戦争中の食糧難には、家の庭や学校などのあらゆる土地でサツマイモを栽培した。国会議事堂の前まで掘り返されて芋畑になったくらいなのだ。戦中派には、

「イモはもう一生分食べたから、もう食べたくない」という方も多い。戦後の街並みがどれだけ鮮やかに復興を遂げても、戦争が人々の心のなかに残した深い傷は容易には癒されないのだろう。サツマイモもまた暗い時代のイメージを現代に引きずっているのだ。しかし、当時のサツマイモは収量はバツグンに多いが、味を犠牲にした質より量の品種だった。一生分食べてしまった人も、せめて現代のおいしいサツマイモを食べて、悪いイメージを払拭していただきたい。

戦中・戦後の食糧難も今となっては過去の話に過ぎない、と思う人もいるだろう。しかしである。今や飽食の時代と威張ってみても、日本の自給率はカロリーベースでわずか四〇パーセントである。ありえない話とはいえ、かりに輸入が完全にストップすれば、単純計算で十人中六人が何も食べられない計算になる。しかし、非常時にはサツマイモをたくさん生産すれば、十分に日本の人口を養うことができるということが真剣に試算されている。

痩せ地にできるというだけでなく、サツマイモは作物のなかでもとりわけ収量が多い。さらに茎や葉の部分も家畜の餌として利用できるから、食糧難には本当に心強い植物なのだ。そうはいっても、どうか試算だけに終わってもらいたい話だ。サツマイモだって、未来の飢餓の救世主になりたいとは思っていないだろう。

ところで、サツマイモを、ずいぶんとライバル視していることだろう。なにしろジャガイモの人気は絶大だ。ドイツやロシアでは主食として扱われているし、世界中で栽培されて「野菜の王様」とも称えられている。世界の生産量では、サツマイモはジャガイモの半分に過ぎず、遠く及ばない。

それだけではない。今ではポテトといえばジャガイモのことだが、そもそもポテトといえばサツマイモを指していたのだ。原産地でサツマイモを意味していた「バタタ」という言葉が「ポテト」の語源である。ところが、混同されて「ポテト」の名はジャガイモにすっかり奪われてしまった。そして、本家のはずのサツマイモは「スイートポテト」と区別されるようになってしまったのである。

ちなみにジャガイモは、原産地では「パパ」と呼ばれていた。もし、サツマイモがポテトのままだったら、今ごろファストフード店で「Lサイズのパパはいかがですか～」といわれていたことだろう。

一方、名前をとられたサツマイモはさぞかし悔しいに違いない。あやふやな人間に混同されてしまったサツマイモのためにも、ジャガイモとの違いをはっきりさせておくことにしよう。

ジャガイモはナス科だったが、サツマイモは何科の植物だろう。日本の本州以北では

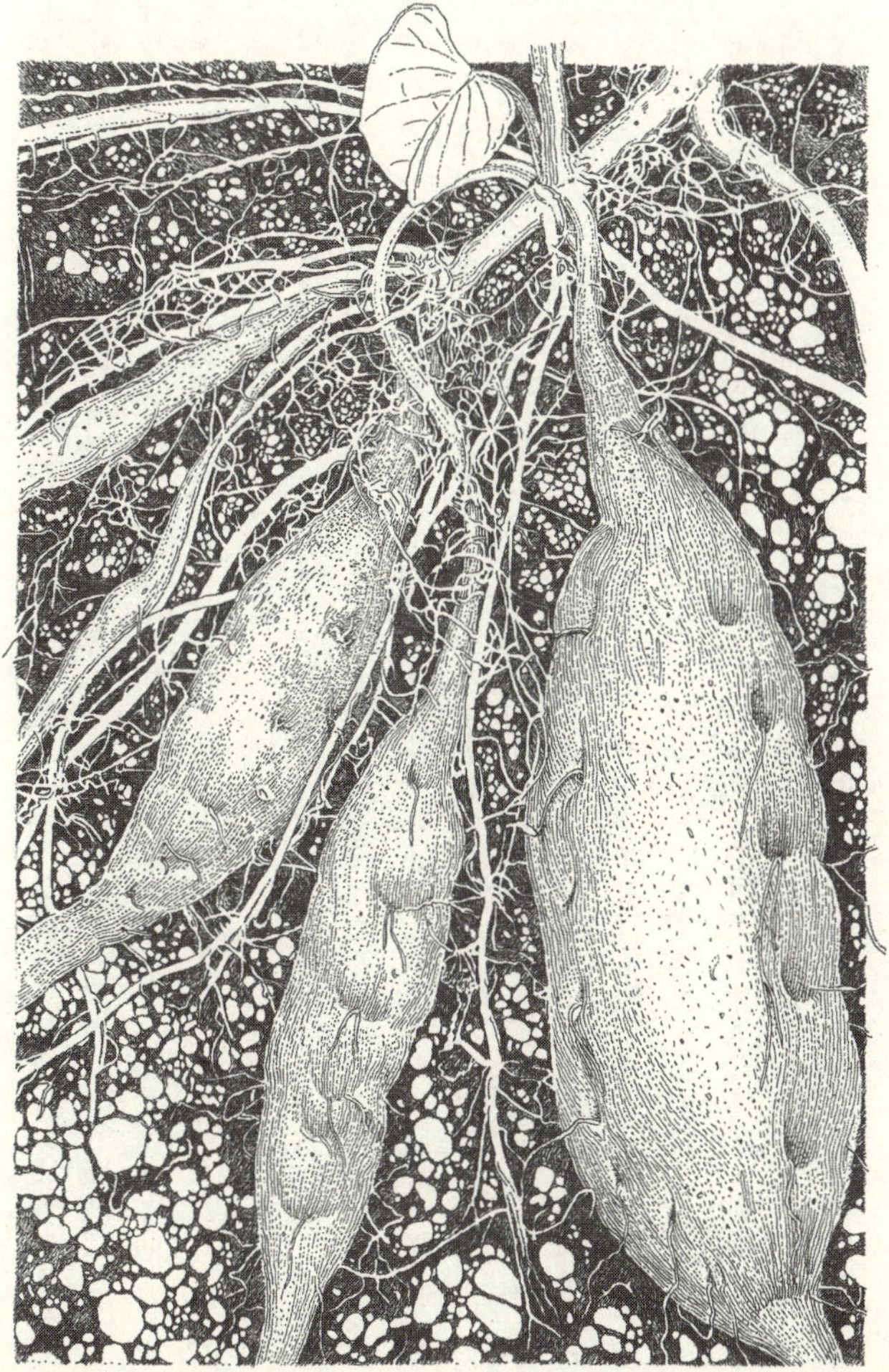

サツマイモの花は咲きにくいので見ることは難しいが、品種や環境条件によっては花を咲かせることもある。花を見れば、ジャガイモとサツマイモの違いは一目瞭然だろう。サツマイモはまるでアサガオのような花を咲かせる。サツマイモはアサガオと同じヒルガオ科なのである。そういえば、つるで伸びていくところもアサガオと同じだし、葉っぱも何となくアサガオに似ている。

ジャガイモに対抗して、というわけではないが、ジャガイモが同じナス科のトマトと接ぎ木できたように、サツマイモにはアサガオを接ぐことができる。上がアサガオの花で下にはサツマイモ。何とも魅力的な植物が出来上がるのではないか。逆に、アサガオにサツマイモの茎を接ぎ木すると、サツマイモの花が咲きやすくなるともいわれている。

ほかにもサツマイモとジャガイモとは決定的な違いがある。すでに紹介したように、ジャガイモの芋は茎だったが、サツマイモの芋は根である。ジャガイモは茎が太ったものなので、先端は丸くなっていた。ところが、サツマイモは先端が細くなり、根がいっぱい生えている。つまり、サツマイモは根の部分が太ってできているのだ。

サツマイモを水を張った皿に置いておくと、水栽培をすることもできる。観葉植物のようなつると葉っぱを伸ばすので、インテリアとしてもなかなかおしゃれだ。このサツマイモを見ると、茎についていたほうからは茎が出てくるが、芋の先端からは根っこが

191　サツマイモ

出てくる。やはり、サツマイモは根なのだ。

もちろんジャガイモと張り合う必要もない。サツマイモにはジャガイモにない魅力がある。

「クリ（九里）より（四里）うまい十三里」

十三里とはサツマイモ、とくに焼芋の別名である。石焼芋の虜になっている女性も少なくないだろう。マンガの世界では、サザエさんはもちろん、あのドラえもんのヒロイン、しずかちゃんまで、「いしや〜き〜いも〜」の呼び声に思わず家を飛び出してしまう。

ただし、焼芋はおならが心配という方がいるかもしれない。確かにサツマイモの糖質は消化されにくいので、発酵（はっこう）してガスが発生し、おならが出やすくなる。しかしご婦人方、ご安心あれ。おならの悪臭成分であるアンモニアや硫化水素は主に肉類に由来するから、サツマイモのおならは、ほとんど臭わないのだ。もっとも、ガスが多いので大きな音はしてしまう。まあ、それもサツマイモの風情の一つ。イモねえちゃん呼ばわりされても、それはご愛嬌だろう。

# ヤマノイモ

## 粘りが身上

山の芋（やまのいも）　ヤマノイモ科

ヤマノイモはウナギが変じたものだという古い説がある。昔、ヤマノイモを料理していると、なかから釣り針が出てきたという逸話がまことしやかに伝えられているのだ。確かにウナギも泥に潜るし、ヤマノイモもウナギも滋養強壮に効き目があるなど共通点も多い。

まさかウナギが変じたから、というわけでもなかろうが、ヤマノイモの芋は不思議な存在である。ジャガイモは茎で、サツマイモは根だったが、ヤマノイモはどちらなのだろう。ジャガイモは茎なのでつるっとしているが、サツマイモは根なので芋から細かい根が生えていた。ヤマノイモはサツマイモと同じように細かな根が生えている。だから、ヤマノイモは根なのだろう、といいたいところだが、話はそれほど単純ではない。じつはヤマノイモの芋の維管束（いかんそく）の構造は、茎と同じ構造をしているという。つまり、ヤマノイモは根と茎の両方の特徴を持っているのだ。そのためヤマノイモの芋には、「担根体（たんこんたい）」という茎でも根でもない、はっきりしない名前がつけられている。

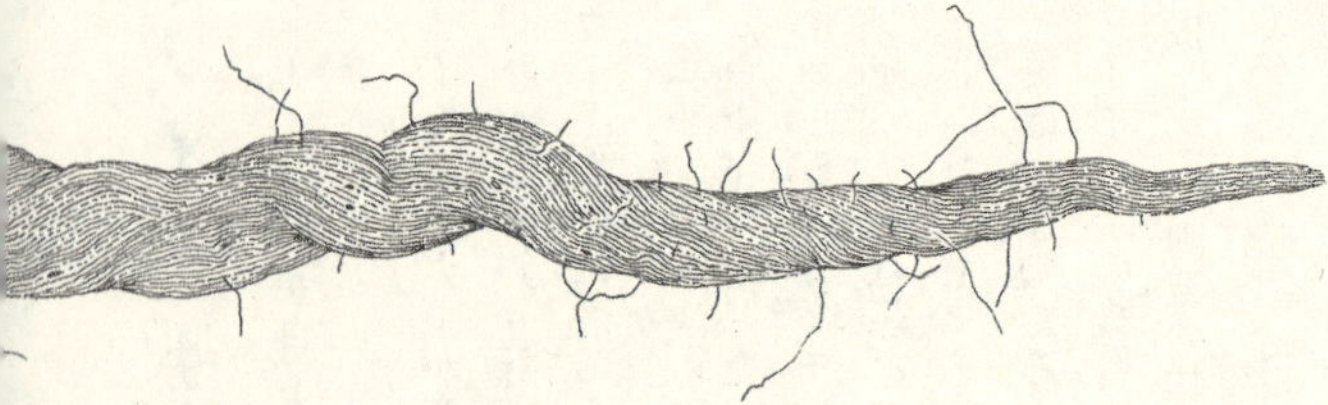

はっきりしないといえば、ヤマノイモという言葉と、ヤマイモという言葉がある。この呼び名はそうとう混乱している。

ヤマノイモというのは、一般に自然薯と呼ばれるものである。自然薯は一部では栽培されているが、字のとおり、山に自生している。ジネンジョに対して、一般に栽培されるナガイモやイチョウイモ、ヤマトイモなどがヤマイモである。ヤマイモは中国原産の栽培種で、ヤマノイモとはまったくの別種である。ところが、この区分ははっきり決着しているわけではない。ややこしいことに、学会によってはナガイモのことをヤマイモと呼ぶこともある。さらにジネンジョやナガイモの総称として、ヤマイモかヤマノイモと呼ぶことも多い。どうにも

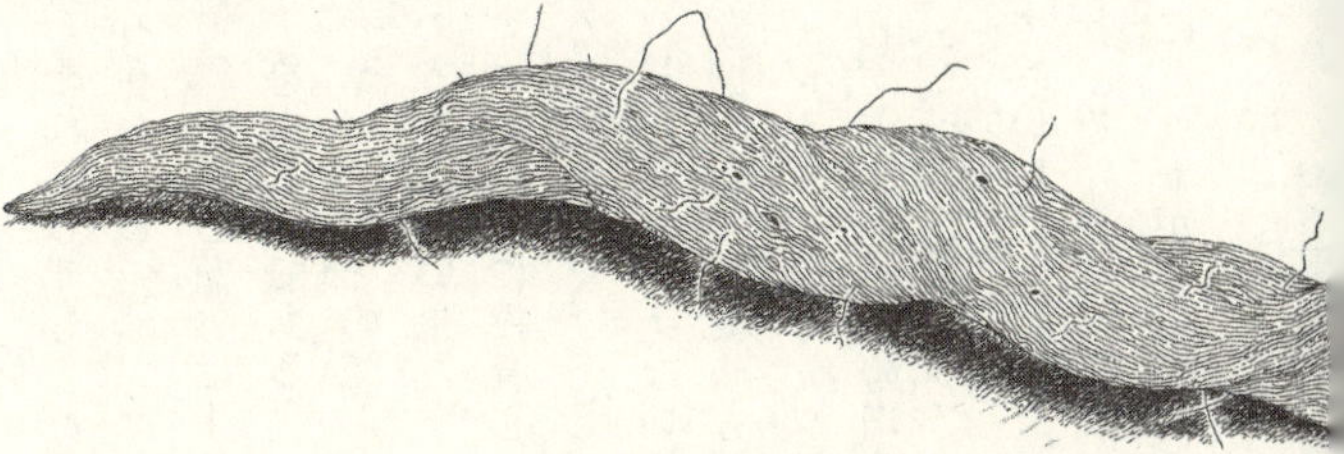

ややこしいのだ。

ヤマイモにしてもヤマノイモにしても、定番の食べ方はとろろ汁だろう。温かなご飯にとろろをかけて、豪快に口の中にかき込むのが、何といっても醍醐味だ。食事はよく噛(か)みなさいと教わったが、とろろ飯に限っては、こんな乱暴な食べ方でも大丈夫である。

ヤマノイモはでんぷんを分解する「アミラーゼ」という消化酵素を多量に含んでいる。とろろを食べるということは、同時に消化剤を飲んでいるようなものだから、お腹いっぱい食べられるのだ。なんともありがたい話である。とろろに麦飯を使うのも、消化しにくい麦の栄養分を吸収するので理にかなっている。

それにしても、どうしてヤマノイモが自分を溶かすような消化酵素を持っているのだろうか。じつは、ヤマノイモ自身もでんぷんを消化する必要がある。でんぷんを消化して得られる糖分は生長のエネルギー源となる。でんぷんを消化しながら生長のエネルギーを得るのである。

ヤマノイモのでんぷんの消費はすさまじい。大きく育った芋に蓄えたでんぷんを一年のうちに使い果たすので、元の芋はすっかりなくなってしまう。つまり蓄えた全財産をすべて生長に投資しているのだ。こうして地上に伸ばした茎と葉で光合成を行って、でんぷんを稼ぐ。そして、新たな芋を作るのである。なんと大胆な投資家なのだろう。見かけはさえない田舎者風情だが、その実、やり手の実業家なのだ。この実業家、経営拡大の増殖戦略も万全だ。

ジャガイモやサツマイモと同じように、ヤマノイモも芋で増やすことができる。しかし、ヤマノイモの増え方はこれだけではない。ほかの植物と同じように、種子でも増えることができるのだ。ヤマノイモは株によって、雄株と雌株とがある。雄花は上を向いて咲いている。ヤマノイモは風で花粉を運ぶ。そのため、花の位置を高くして、花粉を少しでも遠くへ飛ばそうとしているのである。一方、雌花は花粉をキャッチするため下に垂れ下がって咲く。こうして受粉を行い、種子を作るのである。ヤマノイモはさらに風を利用する。種子は翼（よく）と呼ばれる薄い膜を持っていて、風に乗って遠くへ飛んでいくのだ。ヤマノイモはこうして芋と種子の二つの方法で増えていくのである。

　それだけではない。さらにヤマノイモには第三の方法がある。ムカゴである。ヤマノイモを掘るのは大変だが、茎にたくさんつくムカゴを取るのはずっと手軽だ。ムカゴはご飯といっしょに炊いたり、炒ってビールのつまみにすると、とてもおいしい。

　このムカゴは芋と同じ担根体（たんこんたい）である。ヤマノイモは、このムカゴをばらまいて増やすこともできるのである。ムカゴは重たいので種子のように遠くへ飛ばすことはできないが、これもじつに理にかなっている。

　種子はほかの個体と交配して作られた子どもなので、親と違った特徴を持っている。そのため、親と同じ場所で生えるよりも遠くの新天地を求めたほうがいい。そこで種子は翼を持って大空へと飛び立つのである。一方、ムカゴはクローンなので自分の分身である。当然、自分と同じ特徴を持っているから、自分が成功した同じ土地で成功する可能性が高い。だから、遠くへ散布されるよりも、親と同じ場所にばらまかれるほうがよいのである。そして、元の株は芋を作り続けながら元の個体を維持していく。ヤマノイモは三つもの増殖方法を巧みに使い分けているのである。

　なんというねちっこさ。ヤマノイモにぬめりはあっても、ぬかりはないのだ。

# レンコン（ハス）

## 穴の向こうに何が見える？

蓮根　スイレン科

これだけ科学が発達した二十一世紀だというのに、世の中には本当に存在するのかどうかわからないというものがまだまだある。UFOや幽霊、超能力などもその類いだろう。ありえないという人もいれば、確かに見たという人もいる。すべては謎に包まれたままだ。

ハスの花が早朝咲くときにポンという音がする、という話もそうだ。古くから信じられていて和歌にも詠まれている。現代でもハスの音を聞く会のようなものまで開かれることさえあるほどだ。音はしないと科学的には説明されているが、確かに聞いたという人もたくさんいて、真偽のほどは定かではない。

存在するかどうかわからないといえば、あなたは透視というものを信じるだろうか。

お手元にレンコンを用意していただきたい。私が今から、あなたが持っているレンコンを試しに透視してみることにしよう。そのレンコンの穴の数は中央に一個、そのまわりに九個あるように見える。実際に切ってみると、そのとおりではないだろうか。

199　レンコン（ハス）

もちろん、これは透視でも何でもない。レンコンはその大きさや長さにかかわらず、中央に一個穴があいていて、そのまわりに九個の穴がある場合がほとんどなのだ。

レンコンは漢字で「蓮根」と書くが、実際にはハスの根ではなく地下茎である。そしてレンコンにあいている穴は、水上から泥の下へ空気を運ぶためのものなのだ。だから、レンコンの穴は水上にある葉や葉柄（ようへい）とつながっている。ハスの葉柄を折ってみると、断面はレンコンと同じように穴があいている。ついでに穴の数を透視させてもらえば、私には四個あるように見える。試してみてほしい。

ハスの葉柄には穴があいているので、さまざまな遊びができる。両側を切れば、ストローになる。このハスの葉柄を使ってシャボン玉遊びができるのだ。大小さまざまな穴があいているので、いろいろな大きさのシャボン玉が一度にできる。ゆっくり吹けば、茎の先にシャボン玉がつぎつぎに出来て、ブドウの房のようになる。子どもたちは大喜びだ。

大人の楽しみもある。葉の真ん中の葉柄とつながっているところは、空気を取り入れるためのスポンジ状の組織になっていて、ちょうど破れ障子を半紙でふさいだようにみえる。ここをやぶると、葉柄の穴につながるのだ。そこで葉柄の下の端を口にくわえて、葉の上になみなみと酒を注いで飲むのである。これが蓮酒（はすざけ）という由緒ある遊びである。

201　レンコン（ハス）

飲んでいる姿は不恰好だが、象のようにも見えることから、象鼻杯（ぞうびはい）という風流な呼ばれ方もされている。

聞いた話では、穴をあけたハスの葉柄をくわえて風呂に潜ってみた子どもがいるらしい。忍者の水遁の術よろしく水中で息を吸おうというのだ。子どもの姿がなくお風呂にハスの葉だけが浮かんでいる光景を見たら、家族はさぞかし驚いたことだろう。

さて、透視のつぎは念力をお目に掛けることにしよう。ハスの葉の上に水を数滴たらして水玉を作る。そして集中して念力を送ると、不思議なことに水玉が右へ左へと動き出すのである。もちろん、これも念力などではない。ハスの葉の表面には細かな毛が密集して生えていて、水をはじくようになっている。しかし、葉の真ん中がへこんでいるので水玉はこぼれることがない。そのため、葉っぱがかすかに揺れたり、葉が空気を出し入れするわずかな力によって、水玉が動き続けるのである。念力など送らなくても、ハスの葉の上で朝露が動きまわっているようすを簡単に観察することができるだろう。

透視や念力はいんちきだったが、ハスの花の何とも謎めいた美しさは本物だ。この世のものとも思えない美しさからか、仏教では極楽浄土はハスの花の形をしていると信じられてきた。汚れた泥のなかから伸びているのに、この世のものとは思えない美しい花を咲かせるハスは、まさに俗世を超えた存在としてあがめられていたのである。そのためお寺の池には、よくハスが植えられている。

せっかく俗世を離れて美しい花を咲かせているのに、世の人々がわざわざ泥のなかのレンコンを掘りあげて食べているのは何とも皮肉だ。ただ、泥のなかのレンコンと水上の葉と茎はつながっているから、泥のなかにも極楽浄土の澄んだ空気は送られているはずだ。事実、穴のあいたレンコンは見通しがいいと、おせちや慶事の料理に用いられるではないか。

ところが、せっかくあいたレンコンの穴に、人々は肉を詰めたり、明太子やからしを詰めたりして豪華な食事を楽しんでいる。極楽へと続く見通しのよい穴を凡俗のために自らふさいでしまうのだ。業（ごう）の深い人間は、極楽浄土からはよほど遠いところにあるのだろうか。

# イチゴ

苺(いちご)　バラ科

## さわやかな裏切り

イチゴについて知ることは、いくつかの心地よい裏切りにあうことになるだろう。

まず、イチゴが果物ではなく野菜であるということに驚きを覚える方もいるだろう。なにしろイチゴといえば、食後のデザートの主役である。ケーキの上に乗っていたり、ジャムになったりしているし、フルーツパフェにだって入っているではないか。

メロンのところで紹介したように、一般に野菜は草本性の植物で、果物は木本性の植物である。イチゴは草本性なので野菜に分類されるのだ。ただし、実際にはデザートとしての用途が強いので、イチゴは果物として売られている。

イチゴが野菜であることはわかった。それでは、イチゴは何科の植物だろうか？　ヒントをいえば、イチゴはリンゴやサクラと同じ仲間である。あるいは、このヒント自体が意外で、かえって混乱させてしまったかもしれない。正解はバラ科である。

リンゴやサクラと同じであるということも驚きだが、なんと、あの美しいバラと同じ仲間なのである。しかし、にわかには信じ難い。だいたい、サクラやバラは立派な木になるのに、イチゴは小さな草ではないか。

どうやら木か草か、ということに対して、植物は人間ほど執着していないようだ。四つ葉のクローバーでおなじみのシロツメクサも、大きな木になるネムノキも同じマメ科だし、ナスは日本では草だが、冬のない熱帯地方では固い幹を持ち、木のように大きくなる。

イチゴの旬はいつか、という問題も意外に難しい。

今やイチゴといえば、クリスマスケーキに飾られたり、こたつに入って家族団欒で食べられたりするので、冬のイメージが強い。

しかし、イチゴのもともとの旬は初夏である。庭でイチゴを栽培していると実がなるのは五月ごろだ。季節を詠み込む俳句でも、「苺」は夏の季語になっている。しかし、ハウス栽培が一般化し、今ではイチゴは冬場のほうがおいしいといわれている。イチゴの旬は半年もずれてしまったのだ。

ただ、ビニールハウスで育てるといっても、季節をこれだけずらすのに問題がなかったわけではない。イチゴは季節を感じて花を咲かせ、実をならせる。冬の低い温度を感じとって花の芽を準備し、春になって日が長くなってくると花を咲かせるようなリズムを持っていたのである。それを半年ずらすとなると、大変だ。夏に低い温度を感じさせて、秋の夜長といわれる時期に、日が長くなったと感じさせなければならないのだ。

そこで、夏の間は標高の高い涼しい場所で苗を育てたり、冷蔵庫の中で苗を育てるなどの方法がとられている。こうして低い温度を感じた苗を、山から下ろして植え付けるのである。さらに、花を咲かせる時期には夜も電気をつけて栽培する。日が長くなったと勘違いさせるのである。こうした人間の苦労によって、夏に実ったつもりのイチゴが、冬の果実として私たちの食卓に登場するのだ。

イチゴにはまだ意外なことがある。私たちが食べているイチゴの真っ赤な部分は、本当の実ではないといったらどうだろう。

雌しべが子房（しぼう）につながっていて、その子房が太って実になると教科書で習った。ところが、イチゴは違う。イチゴの赤い実は、花托（かたく）と呼ばれる花の付け根の部分が太ったものなのだ。たとえばタンポポの綿毛は、一つ一つが小さな実である。これを全部吹き飛ばすと、綿毛のついていた芯の部分が残る。これが花托である。イチゴはこの花托が太って実になったのである。

本当の実ではないので、イチゴは偽果（ぎか）といわれている。真っ赤な実は、真っ赤な偽物だったというわけだ。それでは、本当の実はどこにあるのだろう。タンポポの綿毛では、花托にたくさんの実がついていた。そういわれてみれば、イチゴにもたくさんの粒々が

207　イチゴ

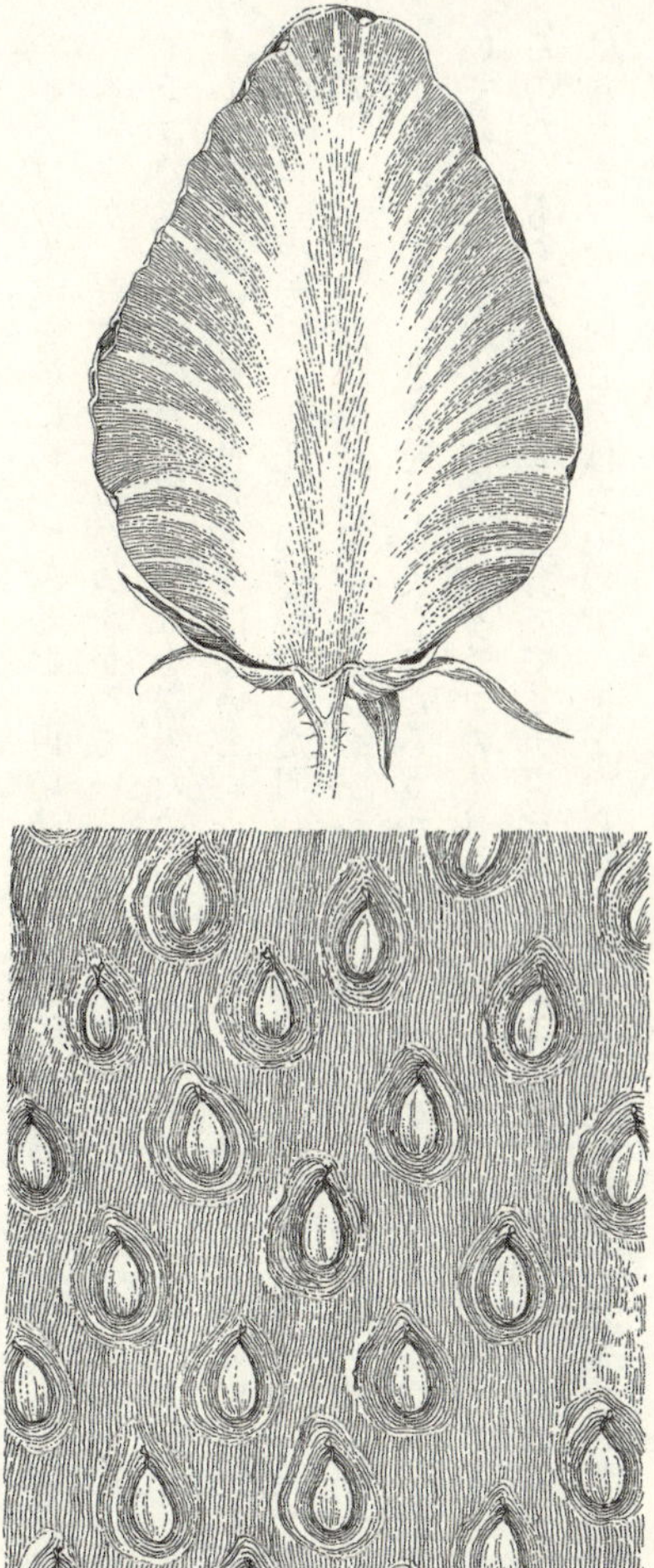

ついている。そう、この粒々こそが、イチゴの本当の実なのである。この粒々の一つをよく見ると、何と棒状の雌しべがついている。この小さな小さな実に、種子が一つ入っているのである。

イチゴの果実を縦に切ってみると、白い筋が見える。この筋をよく観察してみると、一本一本が、一つ一つの粒につながっていることに気がつくだろう。この白い筋こそが、イチゴの本当の実に水分や栄養分を送るためのものなのである。

イチゴの赤い実が本当の実ではないというのは、どうにも奇妙に思えるが、同じバラ科のリンゴやナシも花托の部分が太った同じ構造をしている。植物にとって、花や果実のデザインは、人間が思っているよりもずっと自由だということなのだろう。

本当に、この小さな粒々が実なのだろうか？　信じられないあなたには、この粒をまいてみることをおすすめする。イチゴの小さな粒は種子の入った実なので、芽が出てくるのだ。もちろん、この苗を育ててイチゴを実らせることもできる。ただし、子の形質は親とまったく同じではないので、種子から苗を育てると元の品種とは違った性質のイチゴになってしまう。

一般の栽培ではそれでは困るので、種子ではなく、株で増やしてイチゴを栽培している。イチゴの株はランナーという横に這う茎を出す。その名のとおり、地面の上を走り

まわり、新しい子株を作っていくのだ。親株から子どもたちが増えていくようすから、イチゴには「幸福な家庭」という花言葉もある。

イチゴに悪いイメージを持つ人は少ないようだ。キリスト教では、イチゴは正義の象徴とされている。それは、どんな植物といっしょに植えても、惑わされずに必ずおいしい実をつけるからだという。

一方、私たち人間のほうはといえば、どうだろう。

本当にイチゴにはびっくりさせられることが多かった。イチゴは果物ではなく野菜だったし、サクラやバラと同じ仲間の植物だった。イチゴの旬は初夏で、本当の果実は表面の粒々だった。どうやらイチゴには惑わされてばかりのようだ。

# カリフラワーとブロッコリー

アブラナ科

## 偉大なる創造主

カリフラワーとブロッコリーはよく似ている。それもそのはず、カリフラワーとブロッコリーは同じ種(しゅ)なのである。カリフラワーとブロッコリーの学名は「ブラシカ・オレラシア」という。オレラシアとは、「野菜の」という意味である。

この文章をどこかで読んだ記憶がある、と気づいた読者の方は鋭い。告白すると、じつはキャベツのところでも同じ文章を書いているのだ。何を隠そうキャベツの学名も「ブラシカ・オレラシア」。つまり、カリフラワーやブロッコリーはキャベツと同じ種なのである。言い換えれば、カリフラワーやブロッコリーはキャベツの一品種に過ぎないといってもいい。こんな似ても似つかない野菜が同じ種であるというのは驚きである。

キャベツの祖先はケールという野菜である。ケールは、「まずーい」でおなじみの青汁の原料になっている野菜である。人間は長い歴史のなかで、このケールを改良してさまざまな野菜を作り出してきた。葉が丸まるように改良したのがキャベツ、花のつぼみを食用に改良したのがブロッコリーやカリフラワーである。ほかにも茎を太らせた西洋野菜のコールラビや、葉の腋芽(えきが)を結球させたメキャベツもケールから改良されていて、学名はすべて同じブラシカ・オレラシアである。ブラシカ・オレラシア一族は、野菜界ではまさに名門中の名門なのである。

鮮度の悪いブロッコリーは黄色くなり、いかにも古ぼけた感じになる。しかし、花のつぼみが集まったブロッコリーにとっては、これから一花咲かせようという時期なのである。ブロッコリーを収穫しないで放っておくと、やがて菜の花のような黄色い花を咲かせる。花が咲けば、いかにもアブラナ科の植物という感じがするだろう。

一方のカリフラワーは、もともとはブロッコリーが突然変異を起こして白化したものである。色素を失って白くなる突然変異は「アルビノ」と呼ばれ、自然界でもたびたび出現する。赤い目をした白ウサギももともとは色素を失ったアルビノだし、神の使いといわれる白蛇もアオダイショウのアルビノである。一昔前に一世を風靡したウーパールーパーも、アホロートルというサンショウウオのアルビノだった。スーパーマーケットで売られている白いエノキタケもアルビノである。

ただし、ブロッコリーとカリフラワーの違いは色だけではない。カリフラワーはさらに改良が進んでいるのだ。ブロッコリーはつぶつぶしたつぼみが観察できるのに対し、カリフラワーはつぼみらしきものがまったく見えない。すべての花蕾(からい)が癒着してしまっ

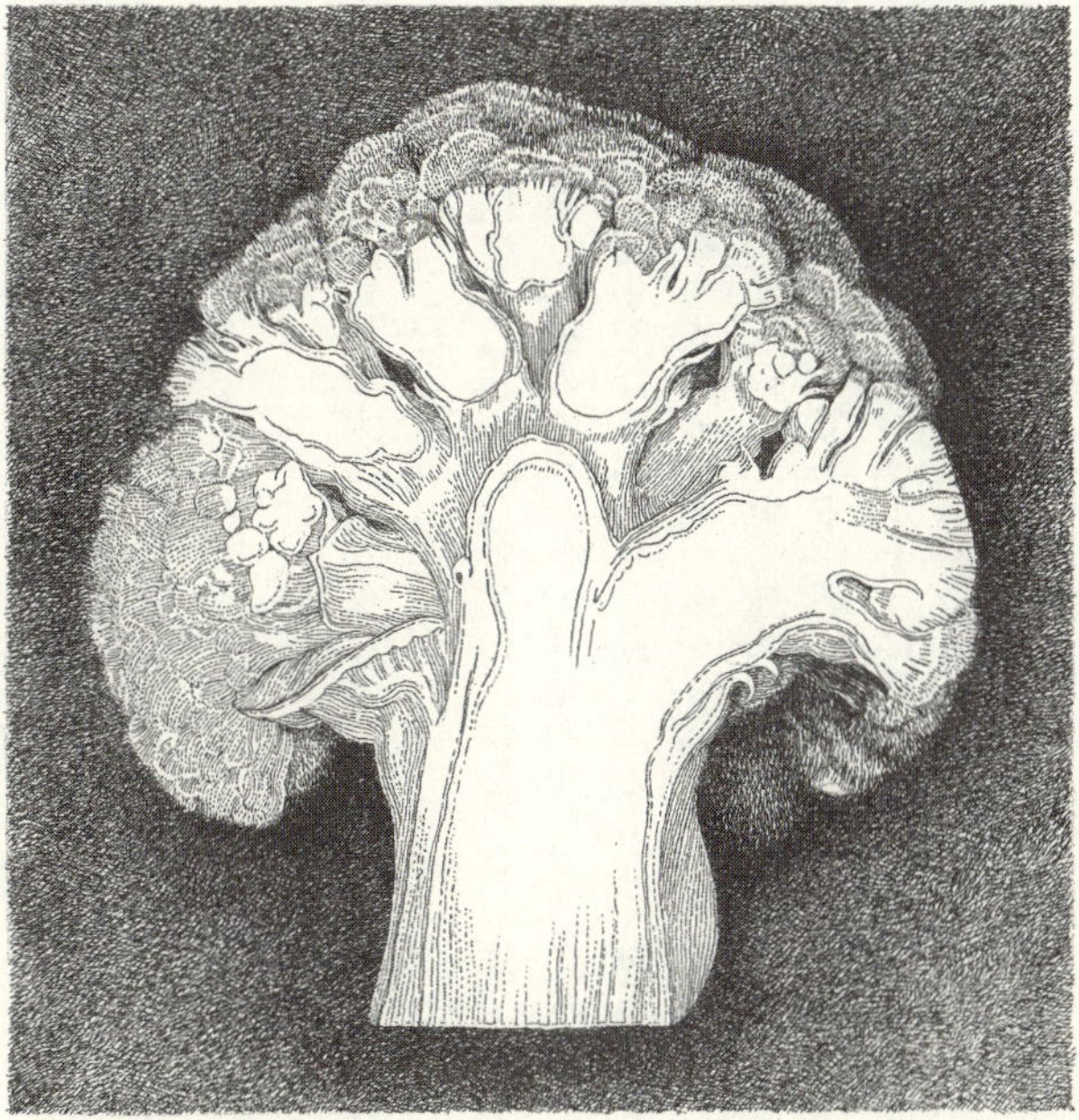

ているのである。

祖先種のケールとかけはなれた姿をしたカリフラワーは、もっとも進化した野菜の一つであるともいわれている。売られているカリフラワーを見ると、もはやアブラナ科の面影はない。まるで巨大なキノコのような姿である。こんな姿のどこが進化しているのだろうという気もするが、それだけ人間が改良に改良を重ねてきたということだ。敏捷で精悍なイノシシと、鈍足の太ったブタでは、改良されたブタのほうが進化しているというのと同じようなことだろう。

それにしても人間の力はすごい。野生の生物を改良して、まったく違う生き物を作り出してしまうのである。狼のような野犬は足の短いダックスフントになり、荒れ狂う野牛から霜降りの高級和牛を作り出した。動くこともなく毎日卵を産み続ける採卵鶏やカイコという飛べない蛾も人間の作品だ。

ほとんど見分けのつかないよく似た植物どうしが、じつは別種であるということは、植物の分類ではよくあることである。それなのに、同じブラシカ・オレラシアという種の範囲のなかで、こんなにもバラエティに富んだ種類を作り出したのは人間のすごいところである。

もはやつぼみとは思えない姿をしたカリフラワーだが、花を咲かせる能力は持ってい

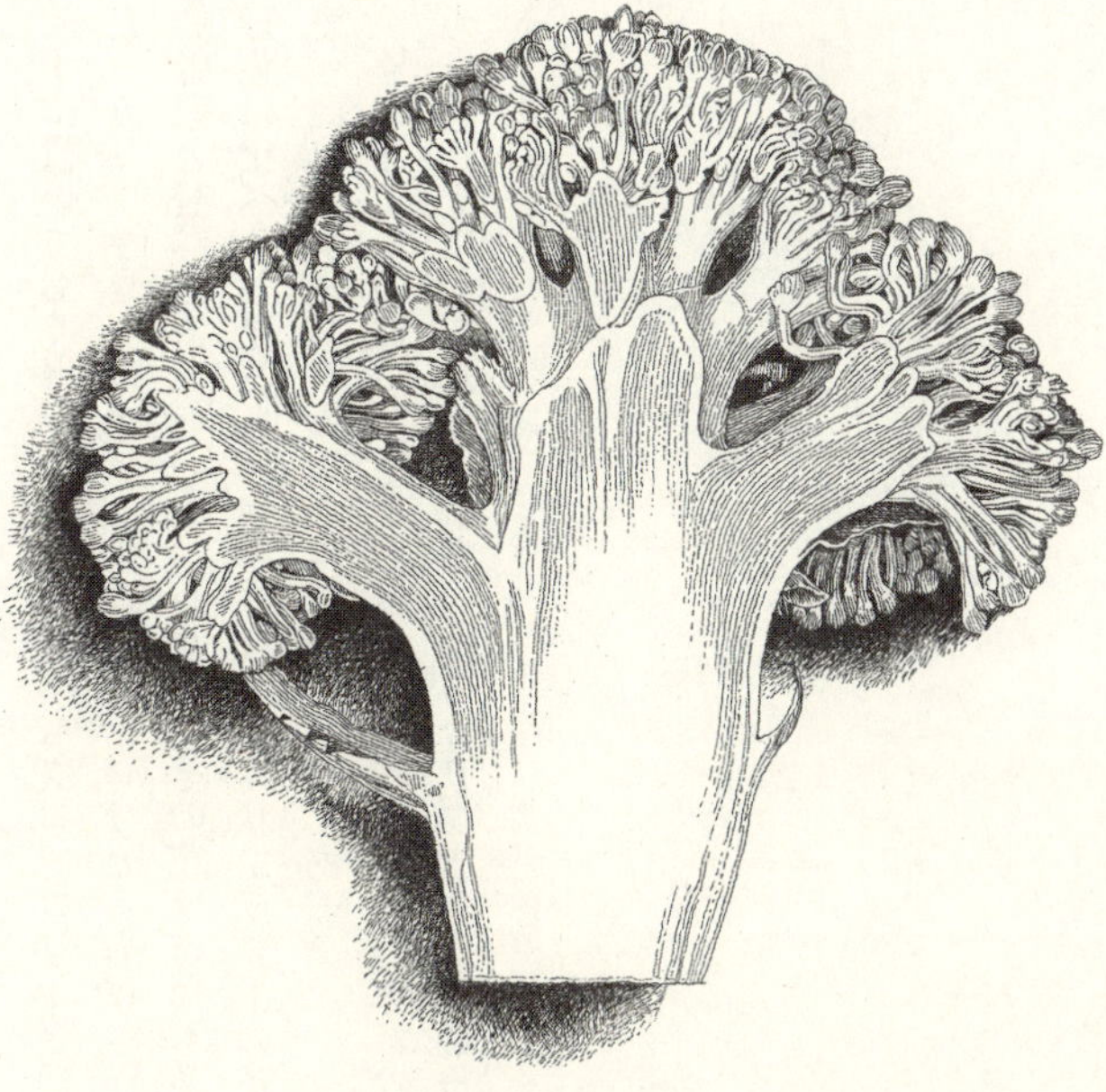

る。収穫せずに置いておくと、カリフラワーもブロッコリーと同じように黄色い花を咲かせるのだ。カリフラワーはアスパラガス、セロリとともに「洋菜の三白」と呼ばれ、白く美しい野菜と賛辞を浴びている。しかし、その花は奇形も多く不恰好で、洗練されたほかの野菜に比べると見るも無残な感じだ。カリフラワーの花は人間の興味の対象外だったので、改良を加えられることはなかったのである。

しかし、植物としての遠い記憶をたどるように咲かせたカリフラワーの花には、何か壮絶なものを感じずにいられない。あたかもカリフラワーの最後の意地を見せられているかのようである。

# ダイコン

大根(だいこん)　アブラナ科

## おらが村の自慢

大根と書くくらいだから、ダイコンは根だろうと思うが、話はそう単純ではない。

ダイコンの芽は貝割れ大根として売られている。この貝割れ大根を見ると、明らかに長く伸びた茎のような部分があるのだ。貝割れ大根が生長したはずのダイコンでは、この部分はどこへいってしまったのだろう。

貝割れ大根はダイコンの芽生えである。双葉の下にある茎は胚軸(はいじく)と呼ばれている。じつはダイコンは、根だけでなく、この胚軸も太って出来ているのである。ダイコンをよく見ると、下のほうにはひげ根がついていたり、根のついていた痕跡が見られるが、上のほうはつるんとしている。この上の部分が胚軸なのだ。胚軸の上には茎もある。大根の葉の付け根に短くわずかにある部分が、双葉の上に出来た茎である。もっとも貝割れ大根は密集して育てられるので、ひょろひょろと長く胚軸が伸びている。

畑で見ると、ダイコンの上のほうは土の上にはみ出している。上の部分はもともと胚軸なのだから、これは当たり前のことだ。それにしても、小さなダイコンの芽が、こんなに立派なダイコンになるというのは不思議な気がする。思えば見上げるような大木も、はじめは一粒の種子にすぎない。植物の生長は何とも神秘的だ。

ダイコンをもう少し観察してみよう。しかし、ダイコンの下のほうに生えているひげ根や根の痕跡は、整然と二列に並んでいる。しかし、きれいに並んでいないこともある。これは土が固くて根をねじこませながら生長した苦労の証である。ときどき、先が二またに分かれて、足をくねらせたような色っぽいダイコンができて笑いを誘うが、笑ってはいけない。これも石ころや固い土壌などの障壁を乗り越えて生長したからなのである。

ダイコンの生命力は家庭でも観察することができる。ダイコンのへたの部分を捨てないで水につけておくと、茎が伸びてきて花を咲かすことができる。ダイコンは冬が過ぎて春になると花が咲くので、冷蔵庫に入れておいてから使うと花を咲かせやすい。

ダイコンの花は白い菜の花のように見える。ダイコンもアブラナ科の野菜なのだ。アブラナ科野菜のライバル、キャベツは「ブラシカ・オレラシア（野菜として食べられる）」が学名だった。これに対して、ダイコンの学名は「ラファヌス・サティバス」。「サティバス」は「栽培する」という意味で、イネにあたえられた学名「オリザ・サティバ」と同じ名称だ。ダイコンの栽培の歴史は古い。ダイコンの原産地は地中海の沿岸である。古代エジプトでは、すでに薬草として栽培されていたという記録もあるらしい。

219　ダイコン

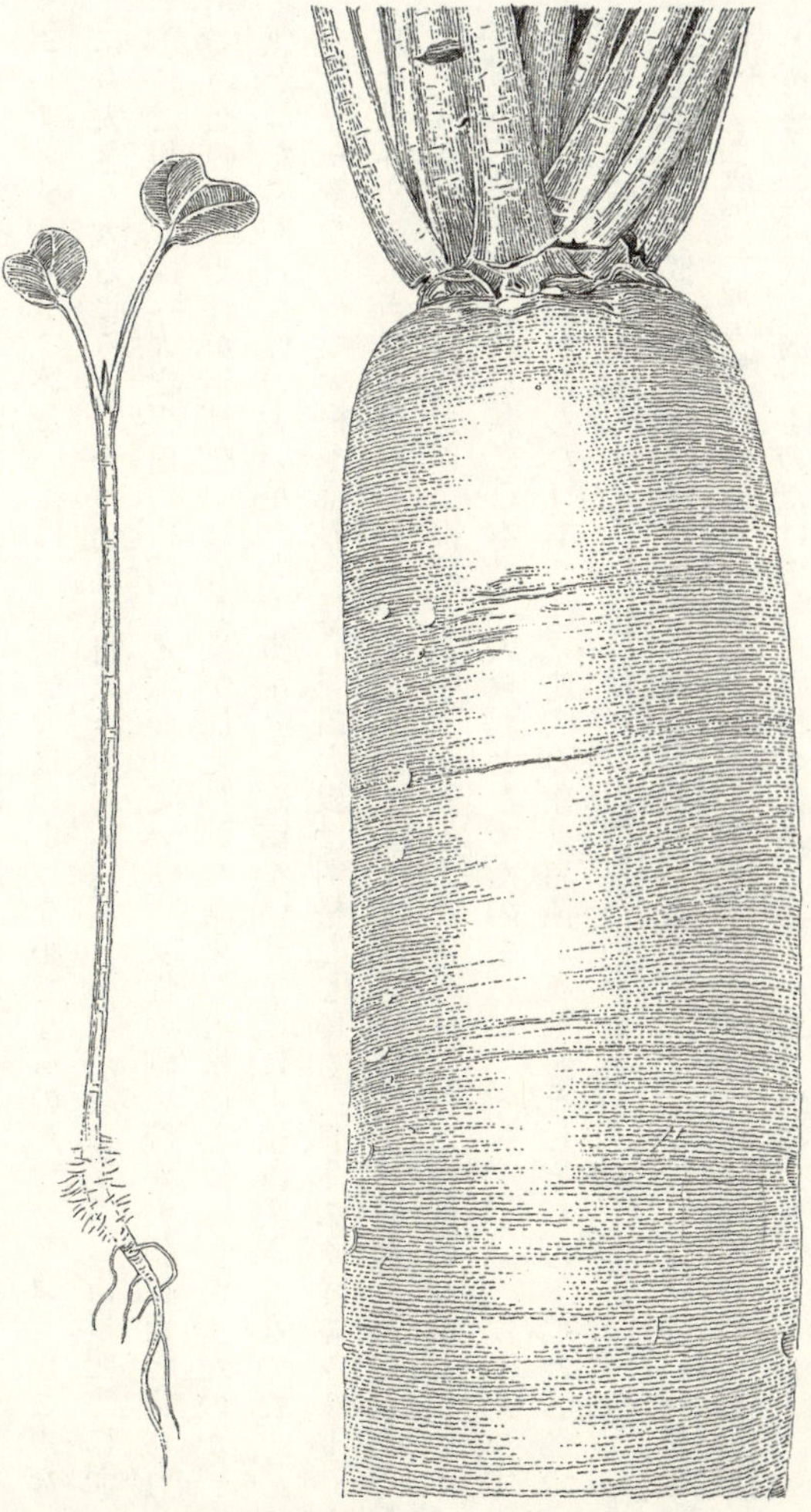

ところが意外なことに、ダイコンの原種はほとんど根が太らなかったという。今でもヨーロッパでダイコンといえば、二十日大根のような小さなものだ。ダイコンがこんなにも大きく太るようになったのは、日本に渡った後のことなのである。『古事記』に記された和歌では「大根(おおね)根白(ねじろ)の白腕(しろただむき)」と歌われている。女性の細い腕が大根にたとえられていたのだ。それが年月をかけて改良が加えられた結果、大根にとってよかったのか、悪かったのか、女性の太い足を「大根足」と悪口をいうまでに大根は大きくなった。

世界一重たい桜島大根や世界一長い守口大根は別格としても、日本のダイコンのレベルは世界一の大きさを誇っている。そこには先人たちが苦労に苦労を重ねた歴史があるのだろう。ダイコンの大きな根は、文字どおり先人たちの偉大なる根性の結晶とはいえまいか。ダイコンはまさに日本で「大根」となったのだ。

ダイコンの改良が進んだ日本では、地域の在来品種が多く、それぞれの土地の名がつけられているものも少なくない。宮城の「小瀬名(こせな)大根」、信濃の「景山(かげやま)大根」、駿河の「清水(しみず)大根」、武蔵の「亀戸(かめいど)大根」や「練馬(ねりま)大根」、美濃の「守口大根」、尾張(おわり)の「宮里大根」、大阪の「淀大根」、薩摩の「桜島大根」。まるで高校野球の甲子園大会のように地方色豊かだ。代表的なものだけでも二百種類はあるといわれている。

それぱかりではない。高校野球に地方大会があるように、その昔は村ごとに違うダイ

221　ダイコン

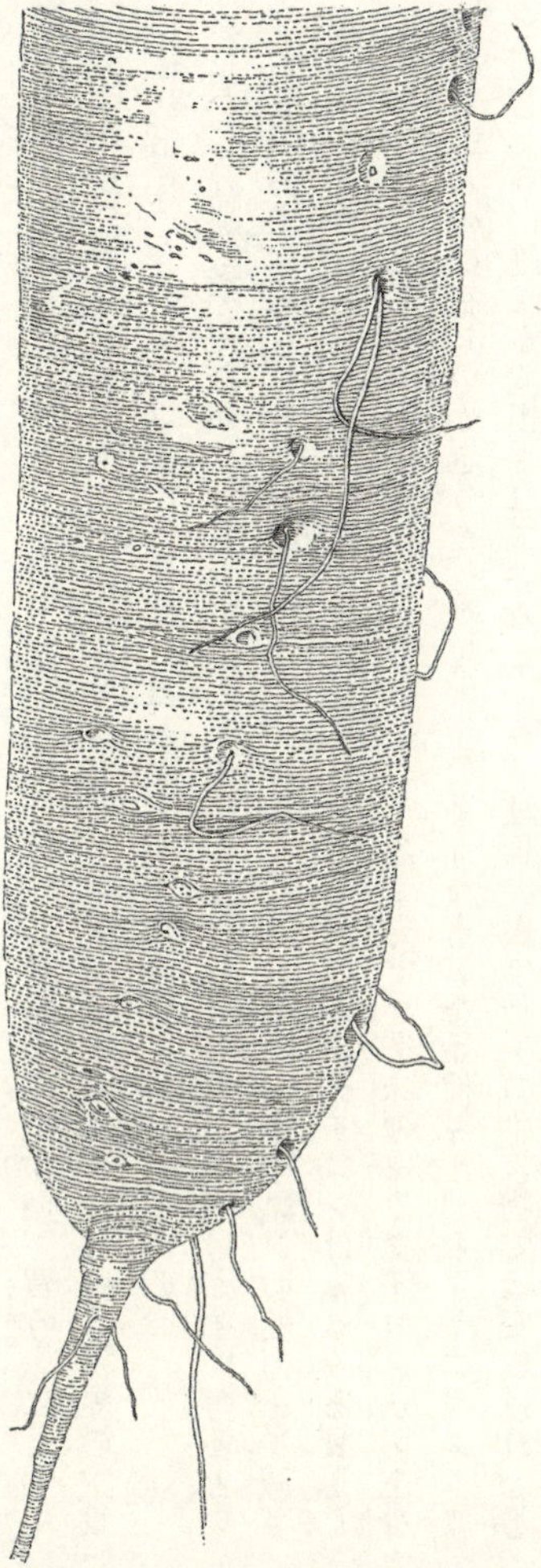

コンがあったという。丸かったり、細長かったり、大きかったり、小さかったり、個性豊かなダイコンは、まさにおらが村の自慢だったのだ。

群雄割拠のダイコンのなかで全国を制覇したのが、甘味が自慢の「青首大根」である。青首大根は長すぎない適度な長さで、すらっとまっすぐに伸びているのが特徴だ。おかげで、農家にとっては抜きやすい、売る人にとっては箱詰めしやすい、買う人にとっては買い物かごや冷蔵庫に入れやすい、と各方面から支持を集めて、一気に大根界の主役に躍り出た。今やダイコンといえば、ほとんどがこの青首大根一色である。

しかし野球もそうだが、どんなに優れたチームだとしても、一つだけが強すぎるというのは、あまりおもしろいものではない。青首大根の台頭は、ダイコンの魅力を半減させているようにも思える。青首大根が広まる一方で、地方のダイコンはみるみる衰退している。とくに、甘い青首大根がちやほやされる一方で、辛味のあるダイコンが影をひそめているのは寂しいかぎりだ。練馬大根のような有名な品種さえ、トキやコウノトリと同じように絶滅が危惧されているという。練馬大根は野生の生き物ではないけれども、地球上から一度なくなってしまうと、二度と蘇らないという点では同じだ。

一つ一つの在来品種には先人の思いと村の歴史が詰まっている。はたして、あなたのふるさとのダイコンは今も元気だろうか。

# カブ

蕪（かぶ）・アブラナ科

## お株を奪われた

ダイコンとカブはよく似ている。丸いのがカブで、細長いのはダイコンではないか、というとそうでもない。ダイコンとカブは品種が多い。二十日（はつか）大根や桜島大根のように丸いダイコンもあるかと思えば、逆に日野菜（ひのな）かぶのように細長いカブもある。京野菜の聖護院（しょうごいん）大根と聖護院かぶとは、どちらも丸くてよく似ている。

しかし、ダイコンとカブには決定的な違いがある。ダイコンは胚軸と根が太ったものだったが、カブは胚軸の部分のみが太ったものなのだ。だから、ダイコンにはひげ根やひげ根の痕跡が残っているが、カブの表面はつるっとしている。カブの先っぽについている細長いひげのような部分がカブの根なのだ。

ほかにも違いはある。ダイコンの花は白いが、カブの花は黄色い。ダイコンはラファヌス属というグループに分類されているが、カブはブラシカ属である。分類学的にはダイコンとカブは、それほど近縁ではないのだ。

ダイコンとカブだと、どうしてもカブのほうが弟分のように思われがちだが、日本に来たのはカブのほうが先輩だ。カブが日本に伝えられた年代は明確ではないが、『日本書紀』や『万葉集』にも、すでにカブのことが記載されている。

山形には伝統的な焼き畑で栽培する温海（あつみ）かぶという種類もあって、もしかするとカブは稲作伝来以前から栽培されていたのではないかともいわれている。それも決して大げさな話ではない。カブの伝来には一つのミステリーが存在するのだ。

カブは紀元前から栽培されていたとされているが、中国で発達したアジア系のカブと、ヨーロッパで発達したヨーロッパ系のカブに大別される。日本にはアジア系のカブが中国から渡来したとされている。

ところが、である。日本には、東日本を中心にヨーロッパ系の特徴を持った在来種が存在しているのだ。外国には見られない多様な品種が日本で作られたのは、アジア系のカブとヨーロッパ系の二種類のカブが育種の素材になったからである。

しかし謎が残る。中国にも見られないヨーロッパ系のカブが、なぜ日本に存在するのだろうか。

中国を経由せず、古い時代にシベリア経由で入ってきたのではないかと推定されているが、いつ、どのようにして日本に伝えられたのか、謎は謎のままである。

カブはダイコンより古株だが、遅れて日本に伝えられたダイコンはカブ以上にさまざ

225　カブ

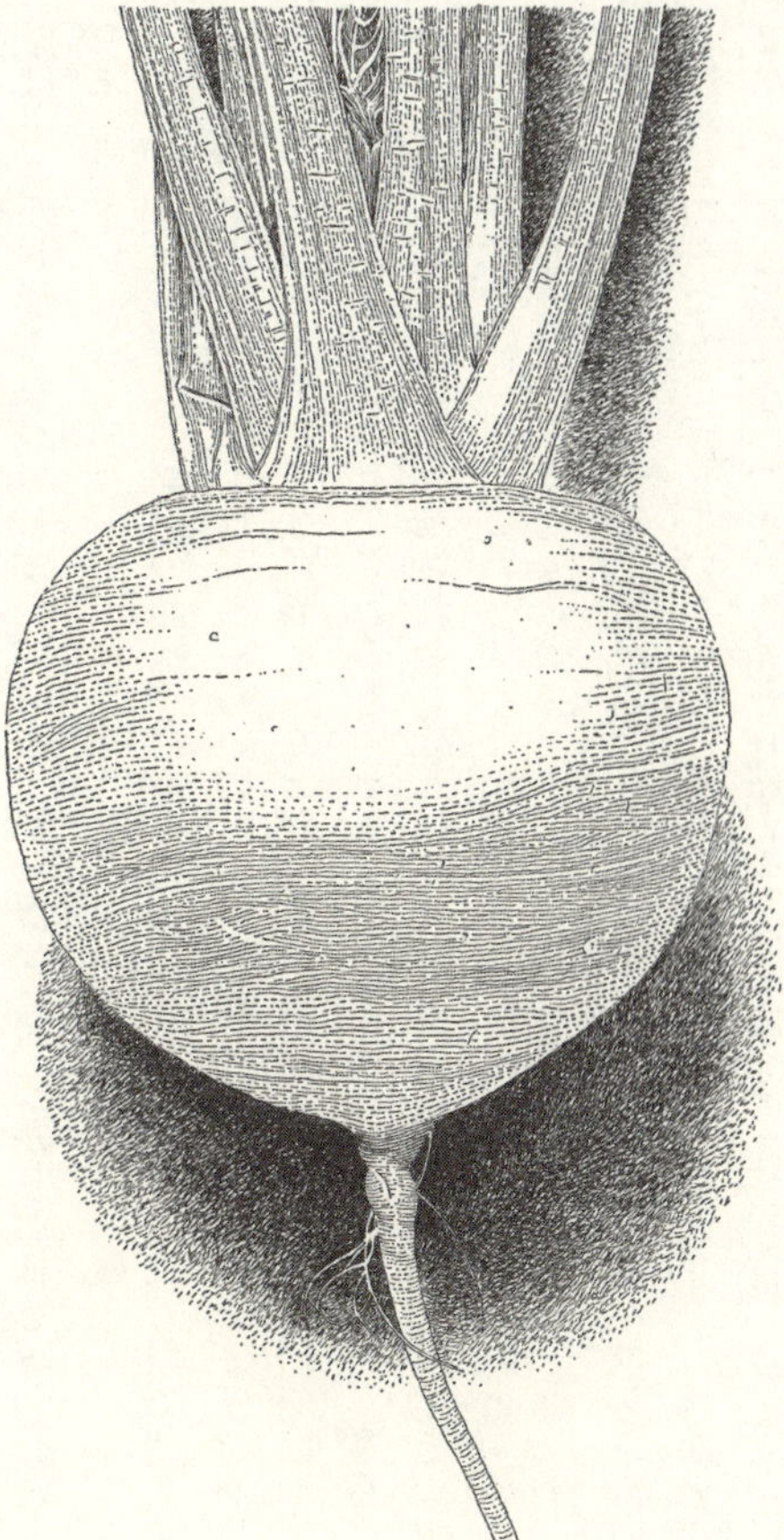

まに改良が進められた。その結果、ダイコンは、今では野菜のなかでも、もっとも生産量が多い野菜界の大御所にまでのぼりつめた。一方、ダイコンの活躍の陰でカブの存在感はすっかり薄くなってしまっている。ダイコンにすっかりお株を奪われたというわけである。

日本では大きなダイコンの品種がたくさん作られたが、ヨーロッパではダイコンの改良が進まず、小さな二十日大根くらいの大きさしかない。そのためダイコンよりも大きく太るカブのほうが今でも野菜としては存在感がある。フランス料理ではやわらかく煮込んだカブが付け合わせにされるし、ポトフーにもカブは欠かせない。さらには家畜の飼料用の大きなカブも改良された。そういえば、おじいさんが育てた大きな大きなカブを「うんとこしょ、どっこいしょ」と大勢で引っ張る『大きなカブ』というロシアの民話もあった。

日本ではダイコンにまるで歯が立たないカブ。もしかするとダイコンさえいなければ、と恨み言の一つもこぼしていないだろうか。いや、決してそんなことはないだろう。カブにはダイコンにない、やわらかな甘味がある。カブの花言葉は、ほかでもない、「慈愛」なのである。

# パセリ

和蘭芹（オランダせり）　セリ科

## 残された勝利者

パセリは、セリの仲間の植物である。となると「パ」とはどういう意味なのか気になる。ちなみにプロ野球パ・リーグの「パ」は「パシフィック」（太平洋）の意味である。パセリはどんな意味なのだろう。

残念ながらパセリはパ・セリではない。パセリは英語でも「parsley」。セリとはまったく無関係で、偶然の一致なのだ。

英語の parsley は、石のセロリを意味する学名「ペトロセリネム」に由来している。谷間の石の間に生えていたことから、こう名づけられた。ちなみに日本のセリ（芹）は、競り合って伸びるところから、「競り」（セリ）と名づけられたらしい。

パセリといえば、付け合わせには欠かせない野菜である。肉料理はもちろん、ハンバーグやトンカツ、刺身にまでしっかり添えられている。しかし、パセリを口にする人はごく少ない。きれいに食べ終わった皿に、パセリだけがぽつんと残されているのをよく見かける。おそらく、パセリはもっとも多く残されている野菜ではなかろうか。

しかし、バカにすることなかれ、パセリの栄養価はきわめて高い。カルシウム、鉄分、ビタミン類、食物繊維などを比較した野菜の栄養価の総合評価では、驚くことにパセリがもっとも優れていたという。付け合わせの脇役どころではない、パセリは栄養価では大物級の優れた健康野菜なのだ。

もっとも、料理の付け合わせに出てくるパセリは鮮度も悪く、硬くておいしくなさそうなものが少なくない。せっかくだから、やはりパセリはやわらかな新しい芽を楽しみたいものだ。

パセリは栽培が簡単なので、植木鉢やプランターで手軽に作ることができる。つぎつぎと芽吹いてくるやわらかなパセリを摘んで食卓に並べるのは楽しいものだ。サラダにしたり、ゆでてから和え物にしたりすればおいしく食べられるだろう。もともとは谷間の石の間に雑草のように生えていた植物だけあって、パセリを作るのに手間はかからない。

パセリは、夏から春にかけてつぎつぎと新しい葉を食卓に提供してくれるが、春の終わりごろになると葉っぱはだんだん固くなってきてしまう。しかし、がっかりすることはない。パセリの楽しみ方は葉っぱだけではないのだ。やがてぐんぐん茎を伸ばしたパセリは、かわいらしい黄緑色の花を咲かせてくれる。

229　パセリ

パセリなどのセリ科植物の花は、ごく小さな花がたくさん集まっている。その一つを虫眼鏡でよく見ると、五枚の花びらと五本の雄しべを持った小さな小さな花だ。この小さな花がたくさん集まって、一つの傘のようになっている。この一つの傘が小花傘(しょうかさん)である。この小花傘がさらにいくつも集まって大花傘を形成する。こうして小さな花が集まることによって、一つの大きな花のように見せているのだ。この花の構造は、同じセリ科のセリやニンジンも同じである。

植物の花は花粉を運んでもらうために、ハチやアブなどの虫を呼び寄せなければならないが、虫に見つけてもらうには、大きい花のほうが有利である。大輪の花を咲かせたいと思っているのは、人間だけではないのだ。とはいっても、大きな花を咲かせることはそうそう簡単ではない。そこでセリ科の植物は、まず小さな花を咲かせることを試みた。そして、その小さな花を集めることで大きな花を形づくろうと考えたのである。まさに、塵も積もれば山となる。千里の道も一歩から、といったところだろうか。

伸びすぎたパセリの姿を、世の人は「とうが立った」と揶揄するかもしれない。しかし、パセリにとっては、これから一花咲かせ実を結ぼうというときである。植物としてはもっとも充実した時期なのだ。とうの立ったパセリの花は、何とも愛らしく美しい。

人間の世界では、結婚適齢期を過ぎた女性は「とうが立つ」といわれるようだ。それでも結婚できないと、最後は「パセリ」と呼ばれるらしい。誰も手をつけずに最後まで残ってしまったからだそうだ。女性にもパセリにも何とも失礼な話だ。パセリの生き方を見るがいい。パセリの栄養価の高さには、ほかのどんな野菜もかなわない。そして、とうが立ってからは、小さな花を積み重ねて、立派に花を咲かせるではないか。「パセリ」と呼ばれる女性たちを、最近では「負け犬」と呼ぶ向きもあるようだ。しかし、決してそんなことはないだろう。なにしろパセリの花言葉は「勝利」なのである。

# ワサビ

山葵（わさび）　アブラナ科

## ピリッとしよう

「Ｗａｓａｂｉ」というタイトルの外国映画があったが、ワサビは英語でもワサビである。

ワサビの英語名というと「ホースラディッシュ」を思い出す方もいるだろうが、ホースラディッシュは、ワサビダイコンというワサビとはまったく別の植物である。ワサビダイコンは、ワサビに比べると栽培が容易で値段も安い。ただ、ダイコンのように白いので、緑色に着色されて粉わさびやチューブわさびとして用いられている。

最近のチューブの練りわさびは「本わさび」と謳っているものが多い。つまり今までのワサビは本物ではなかったのだ。もっとも本わさびと書かれたチューブも原材料を見ても本わさびだけでなく西洋わさび（ホースラディッシュ）と書かれている。つまり、ホースラディッシュにワサビが混ぜられているということだ。

映画「Ｗａｓａｂｉ」では、こんなセリフがある。

「もし人生がワサビのようにピリッとせず、恋愛もなかったら、味気ないものだ」

ツーンと鼻にくるワサビの辛さを味わいたかったら、チューブわさびではなく、本わさびを買ってくるしかないだろう。最近ではスーパーマーケットでもまるごとのワサビの根茎を売っているので、たまには擂(す)り立てのワサビの風味を楽しみたい。ただ一本買うと、どうしても余ってしまう。そんなときは、余ったワサビをプランターや鉢に植えてみることにしよう。ワサビには清流に育つイメージがあるが、畑でも育てることができる。よく畑ワサビや沢ワサビというのは、単に栽培した場所の違いだけで、同じ種類なのである。

育てたワサビの花を楽しむのも、また一興だろう。ワサビの花を見ると、菜の花に似た白い花を咲かせる。ワサビはアブラナ科の植物なのだ。

アブラナ科の野菜はキャベツやハクサイなど、ブラシカ属に属する植物が多いが、ワサビはワサビア属である。もちろん、ワサビアは日本語のワサビに由来してつけられたものだ。

学名は属名というグループ名と、その種だけにつけられた小種名の二つからなっている。いわば苗字と名前のようなものだ。たとえば、人間の学名「ホモ・サピエンス」はホモが属名、サピエンスが小種名である。ちなみに北京原人はホモ・エレクトス。種は違うが、属は同じホモ属ということになる。

属と呼ばれるグループの範囲は広い。同じ属のなかにさまざまな親戚がいる。ナスやジャガイモはソラナム属、ナシやサクランボ、モモ、ウメなどはプラナス属である。小種名はその種だけにつけられるので、日本の名前がそのままついたものも珍しくない。温州(うんしゅう)ミカンの学名はシトラス・ウンシュウだし、カキはディオスフィロス・カキである。

しかし、属名はその仲間を代表する名前だから、難しいラテン語がつけられているのが一般的である。ところが、ワサビは違う。何と、属名が日本語に由来するワサビアなのだからすごい。しかも属名のワサビアに加えて、ワサビの小種名はジャポニカである。ジャポニカは「日本の」という意味である。まさにワサビは日本を代表する野菜なのだ。事実、ワサビは日本原産の野菜であると考えられている。奈良時代の文献に「山葵」の記載が見られるし、飛鳥時代の木簡にも「委佐俾(わさび)」の文字が見られるという。

今でこそ、さまざまな野菜が私たちの食卓をにぎわしているが、もともと日本にあった野菜は少ない。金平ごぼうのゴボウや切干し大根のダイコンは中国、石焼芋のサツマイモは中米、おひたしにするホウレンソウは中東が起源である。日本料理を代表するかのような顔をしている野菜たちも、どれももとをただせば、海外からやってきたものばかりなのだ。野菜どころか、日本文化の根幹にあるイネでさえ、大陸から渡来しているくらいである。

235　ワサビ

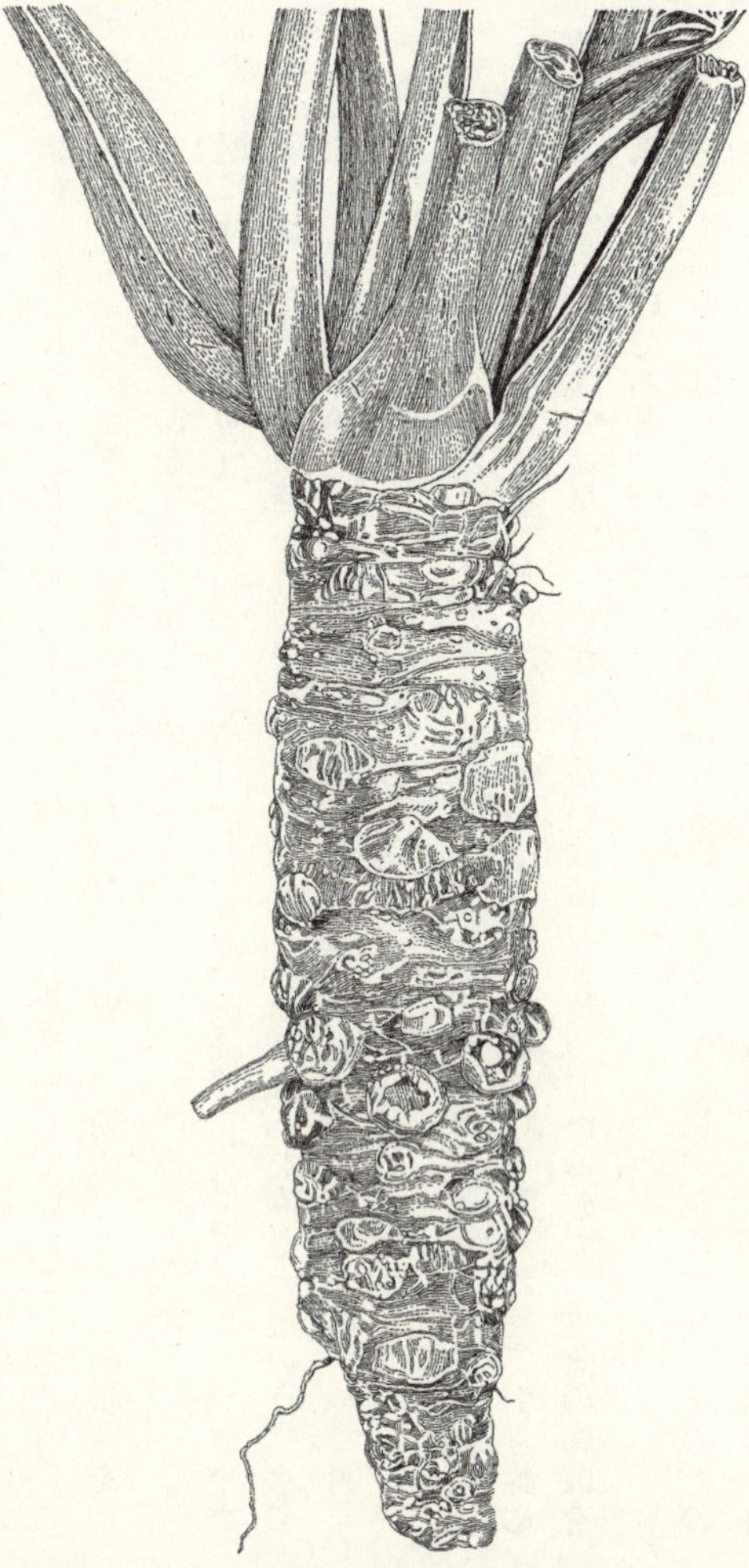

それではもともと日本にあった野菜は何かというと、ワサビのほかにはフキやセリ、ミツバ、ウドくらいだろうか。何とも寂しい限りである。もし、世界各地から野菜が伝えられなかったとしたら、私たち日本人は一体どんな食生活をしていたことだろう。これではワサビまで口にせざるを得ないというものだ。歴史上、初めてワサビの根茎を口にした人は、一体、どんな反応を示したのだろう。

寿司屋に行くと、ご飯は「舎利（しゃり）」、お茶は「あがり」、醤油は「むらさき」、ショウガは「ガリ」というような独特な言葉がある。ちなみにワサビは「なみだ」という。もちろん、食べ過ぎると涙が出ることに由来している。祖先の涙ぐましい努力によって野菜となったワサビは、現代でも私たちを涙ぐませているのだ。

寿司や刺身にワサビはつきものだが、深山の清流に育ったワサビは、海の魚と出合って思わぬ力を発揮した。ピリッとしたワサビの辛味は、刺身の味を際立たせて引き締めるが、役割はそれだけではない。ワサビは強い殺菌力を持っているので、生魚の腐敗を防ぐ効果があるのである。

ワサビの辛味の元は「シニグリン」という物質である。ただし、シニグリンそのものに辛味はない。ワサビを擂ると細胞が壊れ、細胞のなかにあったシニグリンが細胞の外にある酵素に分解されて、「アリルカラシ油」という辛味物質に変化するのである。

ワサビの辛味は、もともとは虫に食べられないための防御物質である。だから虫にかじられて細胞が壊れたときに、辛味を発揮するように工夫されているのだ。つまり、細胞を壊せば壊すほど辛味は増すことになる。

ワサビをきめの細かい鮫皮（さめかわ）のおろしで擂ると辛くなるのは、それだけ細胞がたくさん壊れるからである。ちなみに、「ワサビを擂るときは笑うな」といわれる。笑っていると力が入らずに、細胞を細かく壊すことができないのである。

ワサビに笑顔は似合わない。ワサビに似合うのはやっぱり涙なのだ。

# ニンジン

人参（にんじん）　セリ科

## 思えばいろいろありました

「にんじんとごぼうとだいこん」という昔話がある。

昔、ニンジンとダイコンとゴボウが風呂を沸かして入ることになった。最初に入ったゴボウは、「熱い！」といって、飛び出して泥んこのまま逃げてしまった。つぎに入ったニンジンは、熱いのをがまんして浸かっていたので真っ赤になってしまった。最後にダイコンが入るころには、お湯もちょうどいい加減になっていたので、ゆっくり風呂に入り、体もきれいに洗うことができた。だから今でも、ゴボウは泥んこのままで、ニンジンは赤く、ダイコンは白くなったというお話である。

いずれも根っこが太った野菜で、よく似た形をしているニンジンとゴボウとダイコンだが、植物としてはまったく別の種類である。ゴボウはキク科の植物でアザミのような花を咲かせるし、ダイコンはアブラナ科の植物で菜の花のような花を咲かせる。それではニンジンはどうかというと、これもまったく違うセリ科の植物である。ニンジンはパセリやセロリと同じ仲間なのだ。

239　ニンジン

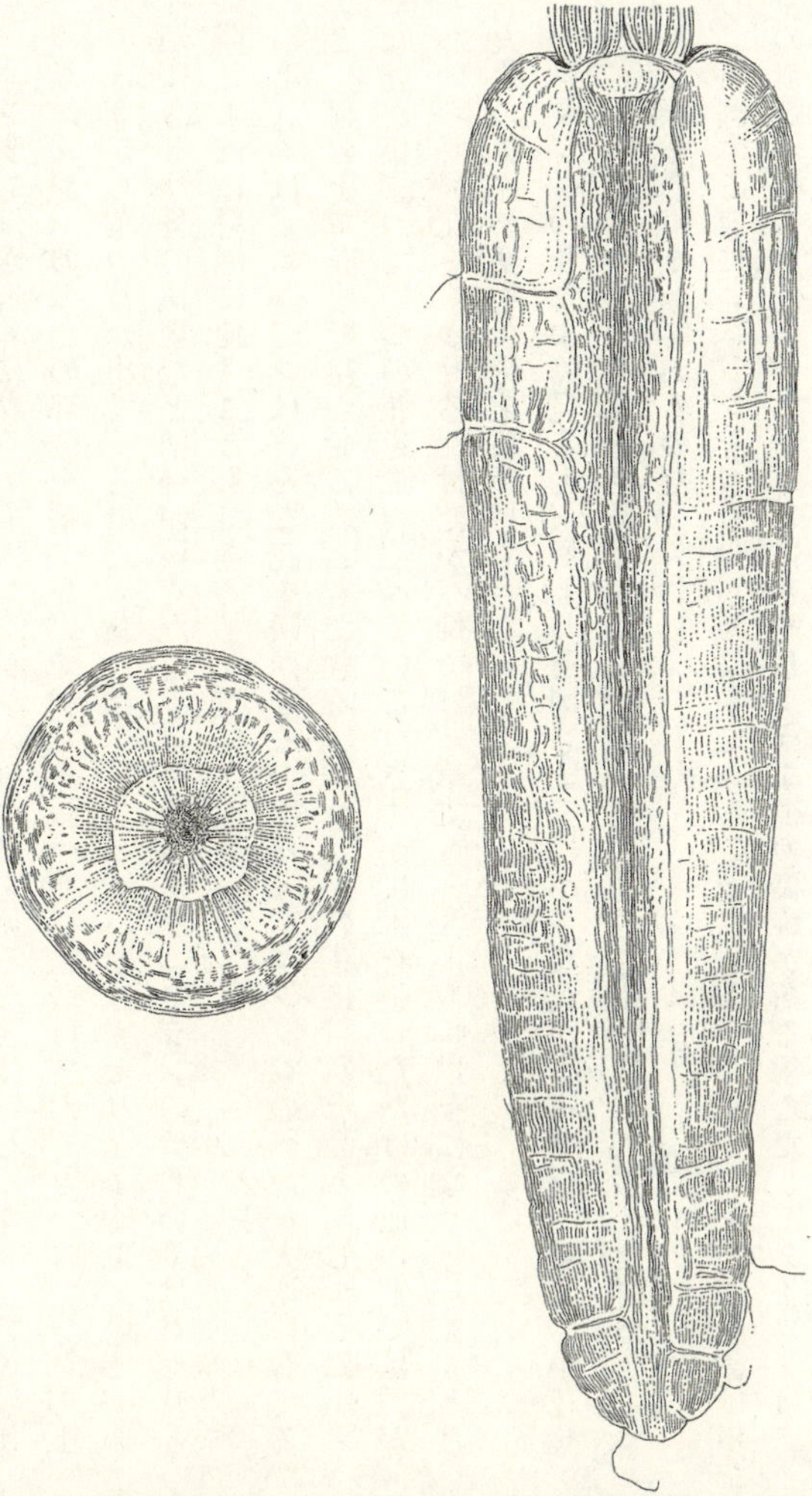

ニンジン畑が近くになくても、ニンジンの葉っぱを見ることは難しくない。料理に使ったニンジンのへたの部分を捨てないで、水を張った皿につけておくと、ニンジンの上のほうから葉っぱが出てくるのだ。葉っぱを見ると、パセリやセリとよく似ていて、いかにもセリ科の植物だと納得がいくだろう。やわらかなニンジンの新しい葉はパセリと同じように料理に使うこともできる。

それでは、ニンジンはどんな花を咲かせるのだろう。ニンジンのへたを大切に育てると、皿の上で花まで咲かせることもできる。ニンジンの花は、パセリと同じように小さな花が集まって一つの花を形づくっている。さすがに水を張っただけの皿の上では、かわいらしい花を咲かせるだけだが、畑では、草丈も一メートル以上になり、一見すると大菊のような豪華な花を咲かせている。

ニンジンの花をよく見ると、パセリと同じように小さな花が小花傘を形成し、小花傘がさらに集まって大花傘を形成している。何千もの小さな花がところ狭しと集まって大きな花を形づくっているのだ。

料理する前にニンジンをもう少し観察してみることにしよう。ダイコンの表面には根の痕跡が見られたが、ニンジンにも同じような根の痕跡がある。ただし、ダイコンは二列に並んでいたが、ニンジンは、四方向に根が出ている点が少し違う。

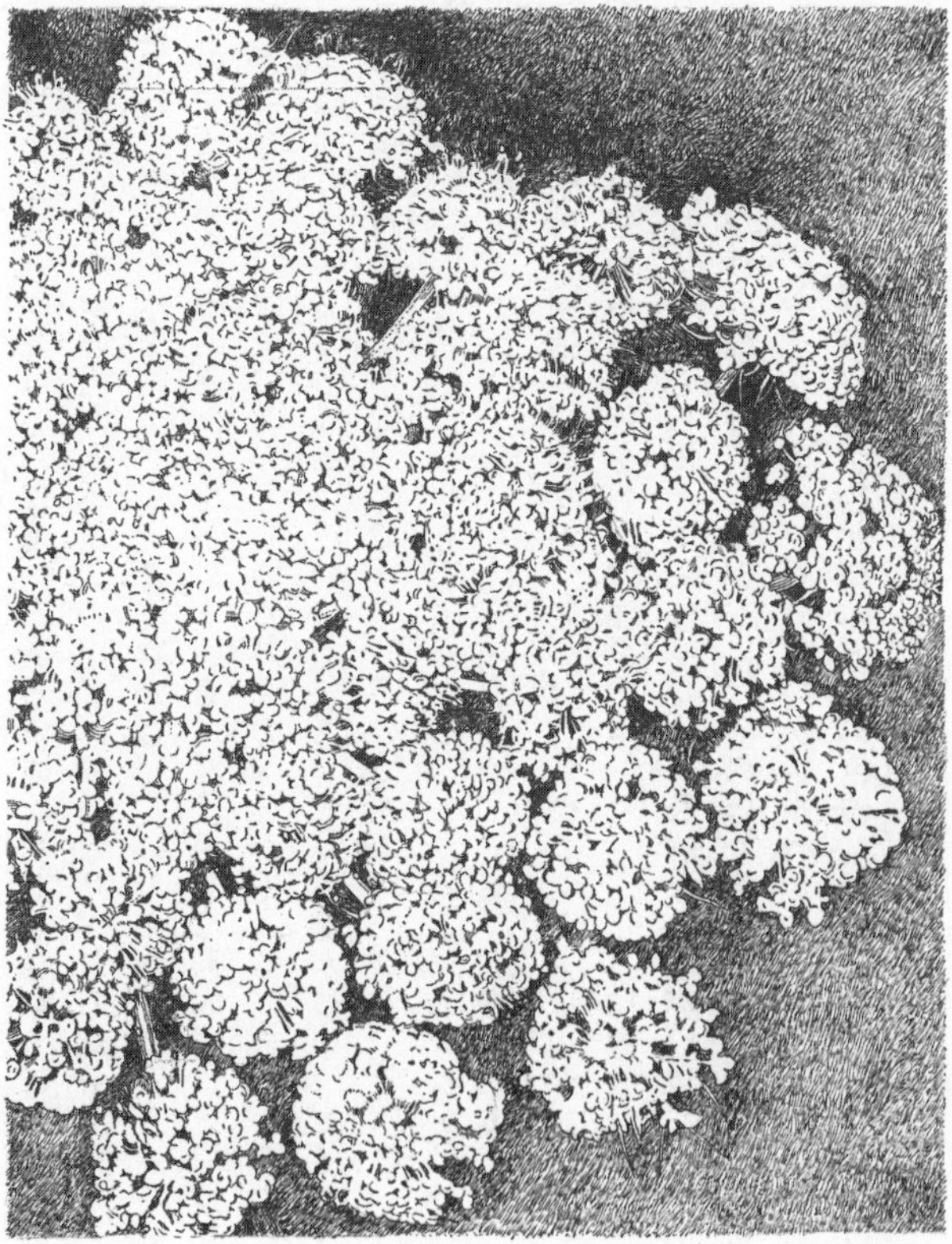

ダイコンとニンジンはさらに違いがある。ニンジンを輪切りにしてみると、断面には木の年輪のような同心円がある。この円が形成層と呼ばれる部分である。形成層の内側には、根で吸った水を地上へ伝える導管が通っているのだ。ニンジンを縦に切ってみると、根がニンジンの内側につながっていて、導管がある形成層にまで達していることがわかる。ニンジンは主にこの形成層の外側の部分が太ってできているのだ。一方、ダイコンを輪切りにすると形成層は皮の近くにあって、外側が薄い。ダイコンは、ニンジンとは逆に形成層の内側が太ってできているのである。

ところで、冒頭の昔話には少し引っかかることがある。ニンジンは熱い風呂に長く入りすぎて赤くなったというが、ニンジンは赤というよりは橙色ではないだろうか。しかし、この昔話は、間違っていない。じつは、昔のニンジンは赤かったのである。ところが明治に入ってから、橙色をした西洋系のニンジンが日本に導入された。そういえば、昔ながらの金時ニンジンは風呂でのぼせたような鮮やかな赤い色をしている。

赤色や橙色だけではない。ニンジンにはそのほかにも白色や黄色、紫色など、さまざまな色がある。そもそもヨーロッパで栽培が始まったころのニンジンは紫色が主流だったらしい。それが、いつしか色どりのよい橙色のニンジンが主に栽培されるようになったのである。

西洋ニンジンの台頭は思わぬ社会現象をもたらした。

昔は、ニンジンといえば子どもたちが嫌いな野菜の代表だった。カレーやシチューなど、子どもたちの人気メニューに使われているにもかかわらず、子どもたちからかたくなに嫌われ続けてきたのである。ところが、最近では、ニンジンの好きな子どもが増えているという。レストランでハンバーグなどに添えられる苦味や独特のにおいが少なく甘味のある西洋ニンジンが、子どもたちの心をとらえたのである。好きな野菜の上位にランクインすることさえ珍しくないらしい。一昔前までは考えられなかったことである。何という快挙。このニュースに橙色のニンジンもさぞかし顔を赤らめていることだろう。

# ホウレンソウ
菠薐草(ほうれんそう)　アカザ科

## ポパイ、たすけて～

「ホウレンソウを食べないとポパイみたいに強くなれないよ」

昔の子どもたちは、みんなそういわれながらホウレンソウを食べさせられたものだ。

ポパイは、ホウレンソウの缶詰を食べて力こぶもたくましく強い男に変身するアメリカの漫画の主人公である。ポパイはもともと、ホウレンソウの缶詰のコマーシャルのキャラクターだったらしい。日本ではなじみが薄いが、もともと生鮮野菜の輸送が困難だった広大なアメリカでは、ゆでたホウレンソウの缶詰が売られている。

一方、日本でホウレンソウといえば、何といってもおひたしだろう。すっかり日本の食卓になじんでいるようにも見えるが、元をたどればホウレンソウの起源は日本ではない。

ホウレンソウは漢字では菠薐草(ほうれんそう)と書く。菠薐とはペルシアのことで、ホウレンソウは日本から遠く離れたペルシアが起源なのだ。ペルシアで栽培がはじまったホウレンソウが、中国に伝わって発達したのがホウレンソウの東洋種である。東洋種は葉が薄いので、おひたしに適しているのが特徴だ。

一方、ヨーロッパに伝わって発達したのが西洋種である。西洋種は東洋種と違って葉が厚く、くずれにくいので、バターやオリーブなどの油で高熱に加熱する料理に適している。そういえば、ポパイの恋人はオリーブ・オイルという名前だった。

日本ではもともと東洋種を栽培していたが、近代になると欧米から西洋種も伝えられた。ペルシアで誕生し、別々の道を歩んだ二種類のホウレンソウが、日本の地でふたたび出合ったのである。

日本人は懐が深い。東洋種と西洋種、どちらか一方のホウレンソウを選ぶわけではなく、性格の異なる二種類のホウレンソウのよいところをどちらも取り入れてしまった。現在、私たちが食べているホウレンソウの多くは、東洋種と西洋種の性質を併せ持った雑種である。まさに和洋折衷。クリスマスと正月を共に祝い、教会と神前の結婚式を自由に選べる国だからこそ起こり得た出来事だろうか。

ホウレンソウには雄花だけをつける雄株と、雌花だけをつける雌株とがある。雄と雌があるのは当たり前のような感じもするけれど、植物は一つの花のなかに雄しべと雌しべがあったり、一つの花のなかに雄花と雌花があるほうが一般的なので、雄と雌で株が分かれているのはむしろ珍しい。身近な植物ではイチョウやスイバ、野菜ではアスパラガスがそうである。

ただし、雄と雌があるといっても、私たちが食べるホウレンソウが雄か雌かはわからない。ホウレンソウは花が咲くずっと前に収穫されてしまうからである。ホウレンソウに限らず、菜っ葉を食べる野菜のほとんどが、花の咲く前に収穫されてしまう。考えてみれば、私たちは、まだ年端もいかない幼い植物を好んで食べているのである。人間は何という残酷な生き物なのだろう。

ホウレンソウは葉を放射状に広げている。タンポポやナズナの地面に広げた葉っぱを思い浮かべてもらえばいいだろう。地面に葉を広げたこの形は、上から見るとバラの花飾りのように見えるので、ロゼットと呼ばれている。

ロゼットは葉が放射状に広がっているので、すべての葉が太陽の光を満遍(まんべん)なく浴びることができる。さらに、葉を地面に広げているので、吹きつける厳しい寒風も避けられる。ロゼットは冬を越すのに、そうとう機能的だ。そのため多くの植物がこのスタイルを採用している。タンポポはキク科だし、ナズナはアブラナ科、ホウレンソウはアカザ科だが、いずれもロゼットで冬を越している。まったく種類の違う植物が進化した結果、よく似たロゼットという形にたどりついたのである。

ホウレンソウのロゼットが冬越しに適した形であることからわかるように、ホウレン

ホウレンソウ

ソウは冬の野菜である。

ところが人間のやることとは業が深い。ホウレンソウを夏の間も栽培し、一年中ホウレンソウが食べられるようにしてしまったのである。栄養価の高いホウレンソウをいつでも食べたいという人間の欲望は満たされたが、話はそんなにうまくいかなかった。ホウレンソウは暑さに弱い。季節外れに育ったホウレンソウは、結果的にビタミンCなどの栄養価が激減してしまったのである。

それはそうだろう。秋から冬にかけて太陽光線を浴びながらじっくりと育つのがホウレンソウ本来の生長スタイルだ。それを夏の暑い時期に無理やり酷使されては、栄養分を蓄えるどころではない、生きているのがやっとというのがホウレンソウの本音だろう。すっかり力を失ってしまったホウレンソウを何とか元気づける缶詰はないものだろうか。

# ハクサイ

白菜（はくさい）　アブラナ科

## たくさんあるからすばらしい

水炊き鍋、ちり鍋、寄せ鍋。鍋料理はいろいろあれど、いずれにしても欠かせないのがハクサイである。ぐつぐつと煮込んでやわらかくなったハクサイは鍋料理にぴったりの食材だ。ちなみに私の学生時代には、安くてお腹いっぱいになるハクサイのたっぷり入った貧乏鍋が、苦学生定番の自炊メニューだった。

ハクサイが鍋料理と相性がいいのには理由がある。植物の葉には水分や栄養分が通る葉脈と呼ばれる管が通っている。葉脈の細胞は水分をたくさん含んでいるが、ハクサイは葉脈の量が多いので煮込むと大量の水が出るのだ。そして、水が抜けた分だけ葉に味がしみこむ。だから、鍋料理のハクサイはおいしいのである。

ハクサイが一夜漬けに使われるのも同じ理由だ。「青菜に塩」のたとえのとおり、葉菜に塩をかけると、細胞のなかから水分が抜け出て葉がしなしなになる。ハクサイは葉脈が多いので、大量の水分が抜け出て短時間でやわらかくなるのである。

鍋料理や漬け物として冬の食卓にすっかり定着しているハクサイだが、意外にも一般的に食べられるようになったのはごく近年になってからだという。日清・日露戦争で大陸に渡った兵隊が、立派に育ったハクサイを目の当たりにし、種子をポケットにしのばせて持ち帰ってきたのが日本各地でハクサイが広まったきっかけだという。しかし、最初の一年はうまくできても、翌年にはハクサイを作ることができなかったらしい。ハクサイはコマツナやノザワナなど、日本で栽培されていた菜っ葉類と簡単に交配して雑種になってしまったのである。

一方、日本の菜っ葉類にしてみても、ハクサイは招かれざる客であった。日本の菜っ葉類もハクサイと雑種化してしまったのだ。日清・日露戦争で日本は大陸に侵攻したが、菜っ葉の世界では、日本の伝統野菜は大陸のハクサイに攻め立てられてしまったのである。

こんなに簡単に雑種ができてしまうのは、ハクサイと日本の菜っ葉類の多くが同じ種だからである。ハクサイの学名は「ブラシカ・ラパ」である。同じブラシカ・ラパの学名を持つ野菜には、チンゲンサイやコマツナ、カブ、ノザワナなど、そうそうたるメンバーがそろっている。ブラシカ・ラパは、性格の異なるものどうしが交配を繰り返して、さまざまなバラエティを作り出してきたのである。当のハクサイも、もとをただせば中国の華北地域の寒さに強いカブと華南地域の葉が多いチンゲンサイの仲間の交配によって作られたという。

ハクサイは英語で「チャイニーズ・キャベッジ」（中国のキャベツ）と呼ばれていて、国際的な統計ではキャベツとして扱われている。しかし、キャベツの学名が「ブラシカ・オレラシア」であるのに対して、ハクサイの学名は「ブラシカ・ラパ」だから、本当はまったく別の種類である。

キャベツで紹介したように、カリフラワーやブロッコリー、メキャベツなどはキャベツと同じ種で、学名はいずれもブラシカ・オレラシアである。

キャベツとブロッコリーや、カブとハクサイのように、外見は似ても似つかないものどうしが同じ種なのに、よく似たキャベツとハクサイが違う種というのが、じつにおもしろい。

ブラシカ属の学名をもつアブラナ科の野菜は、どうにもややこしい。ブラシカ属の植物がこんなに多様な集団を作り出すことができたのは、自家不和合性（じかふわごうせい）という性質を持っているからである。自家不和合性とは、自分の花粉が自分の雌しべについても種子ができないことである。つまり、必ずほかの花と交配しなければ、子孫を残せないということなのだ。

この選択は覚悟がいる。ほかの花に花粉を運ぶことは、そう簡単ではないのだ。花粉

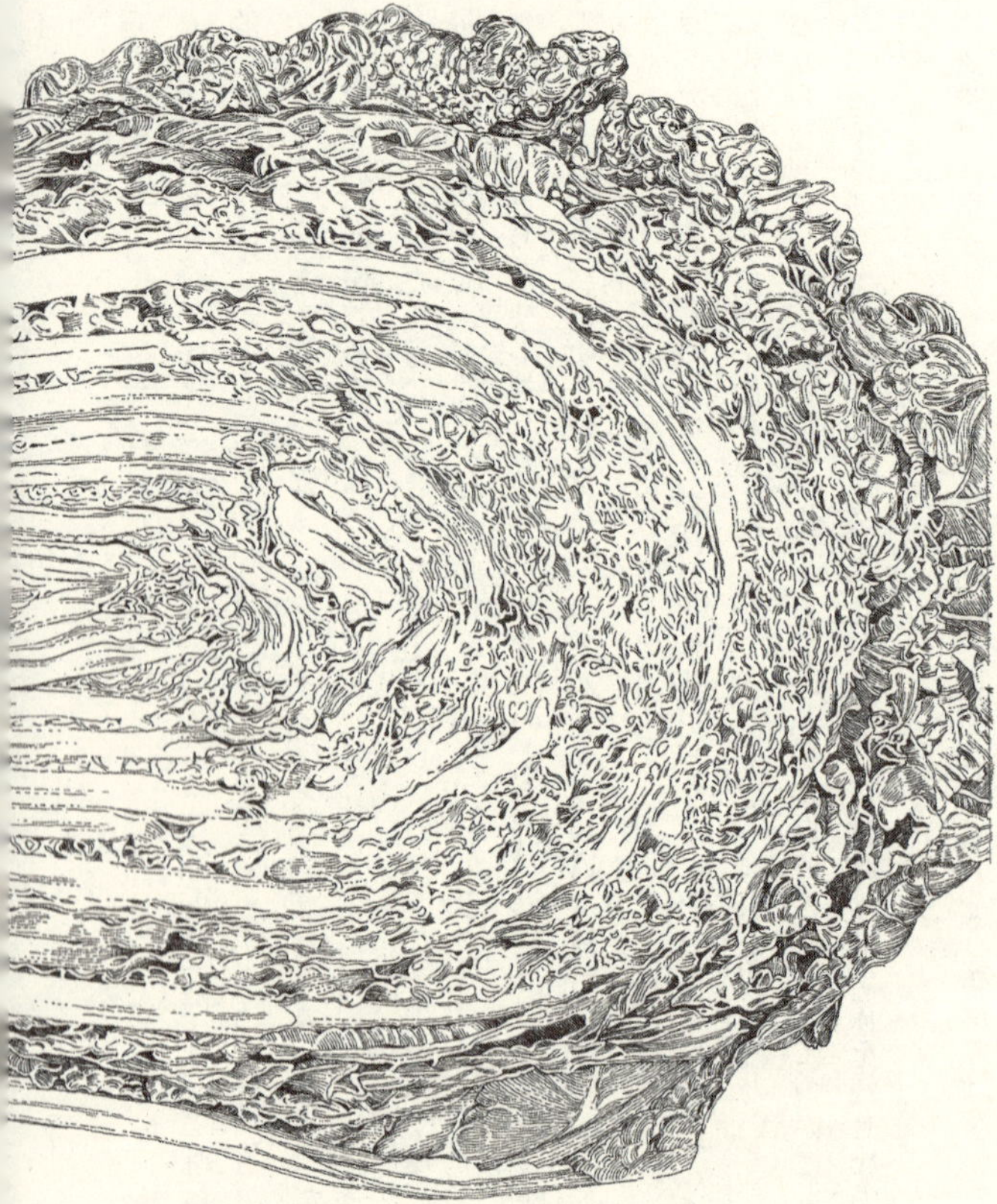

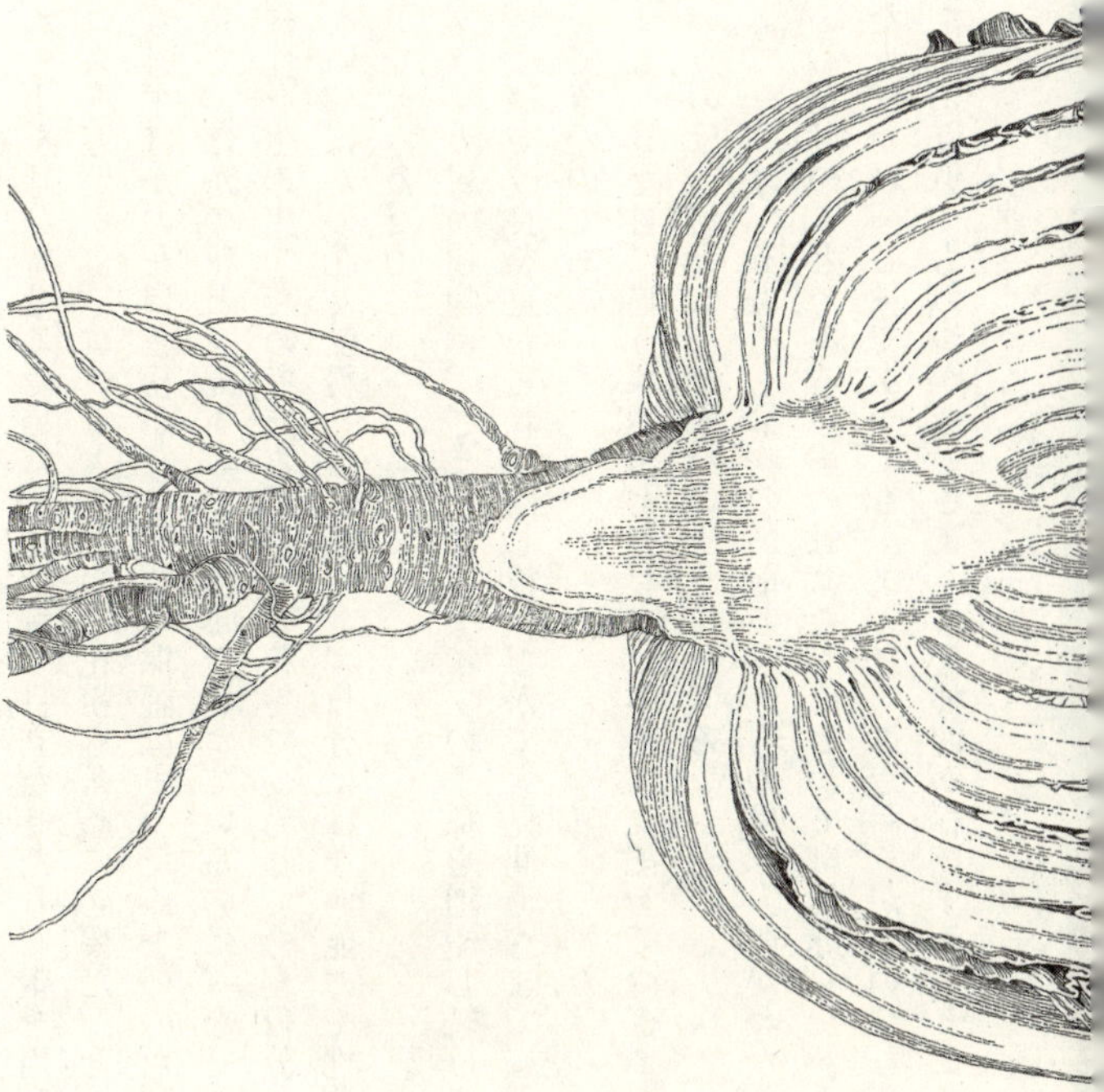

を運んでくれる虫を呼び寄せるために、花びらで目立たせたり、蜜を用意しなければならないからコストもかかる。ロスも大きいので花粉も多めに必要だ。そのうえ、それだけ苦労しても必ずほかの花に花粉がたどりつく保証はまったくないのだ。

そうまでして、ほかの花と交配することにこだわっているのは、なぜだろう。その答えこそ、多様性を生み出すためである。自分の花粉で受粉しても、自分と同じような子孫しか残せない。ほかの花と受粉してはじめて、自分にはない能力や性質を持った子孫を残すことができるのだ。

こうしてブラシカ属の植物は、さまざまなタイプの子孫を増やし続けてきた。さらには人間の手によって改良を重ねられ、同じ種のなかでも見間違うまでに飛躍的にバラエティを増やしてきたのである。

それにしても、見た目に違う菜っ葉どうしが、勝手に交配してつぎつぎに雑種を作ってしまうというのは、何とも節操がないように思える。

しかし考えてみれば、そもそも植物の名前というものは、人間がわかりいいように勝手に決めているだけのことである。当の野菜たちにとっては結球したハクサイと、地下に丸々太ったカブとが同じ種であっても、まったくこだわりがない。むしろ、同じ種のなかで、見た目には似ても似つかないさまざまな仲間が存在することこそが、ブラシカ属の植物が目指した多様性なのである。

それに引き換え、人間は頭がいいから、こまごま分類しないと気がすまないようだ。無限に広がる大地に国境という線を引き、地図の色を塗り替える。同じホモ・サピエンスという種のなかで、人種が違う、民族が違うと大騒ぎだ。狭い社会のなかにあってなお、点数をつけたり、順位をつけたり、区別や差別をしてやっと安心している。

鍋料理を食べながら私たち人間は、もっとハクサイの味を噛みしめる必要がありそうだ。もし、ブラシカ・ラパの多様性がなかったとしたら……私たちはハクサイだけの貧乏鍋さえ食べられないかもしれないのである。

## エピローグ――野菜畑は宝の山だ

映画「となりのトトロ」の一場面。片田舎に引っ越してきた小学六年生の女の子、サツキはかごいっぱいにとれた、もぎたての野菜を眺めていう。

「おばあちゃんの畑って、宝の山みたいね」

おばあちゃんの野菜畑は、成長過程にある少女に楽しい思い出と確かな原体験を与えてくれる。映画の舞台は昭和三十年代。現代ではどうだろう。

子どもたちに野菜の絵を描かせると、ジャガイモが木の枝に実っている絵を描く子が珍しくないという。そんな子どもたちをつかまえて、

「今どきの子どもは」

と嘆く大人たちがいる。確かにジャガイモやサツマイモが土のなかにできるということは、知らなければいけない常識かもしれない。自然に触れることの少ない子どもたちを取り巻く環境も問題視されるべきだろう。

しかし、どうだろう。私は子どもたちがジャガイモの絵をどんなふうに描こうと、そ

れはあまり気にならない。子どもたちにとって大切なことは、決してジャガイモの成り方ではないと思うのだ。

ジャガイモが土のなかになっていることを知っているあなたは、パイナップルやメキャベツがどこに実るか知っているだろうか。たとえ子どもたちがそれを知っていたとしても、そんなことはテレビのクイズ番組でも教えてくれることである。

この本では、身近な野菜にまつわるさまざまなトピックやエピソードを紹介した。しかし、私が描こうとしたのは、いきいきとした野菜の生命の物語である。私たち人間と同じように悲喜こもごも暮らしている野菜たち。間違いなく野菜だって生きている。そして、私たち人間はその生命を日々食べて生きているのだ。

野菜っておもしろい、野菜って楽しそう。この本を読んで、もしそう感じてもらえたとしたら著者としてこんなにうれしいことはない。野菜の魅力を感じる体験は野菜畑にとどまらない。

八百屋で買ってきた野菜をまじまじと見つめ、その野菜が育った野菜畑に思いを馳せてみてもいい。庭先のわずかなスペースでも、ベランダのプランターでもいい、野菜の種をまいてみてはどうだろう。栄養たっぷりのもぎたての野菜はあなたの体を元気にしてくれるだろう。

そして、それだけではない。野菜たちの生命に満ちあふれた姿は、必ずやあなたの心をも、また元気づけてくれるはずである。

やっぱり、野菜畑は宝の山なのだ。

この本は、逆境に生きる雑草の暮らしにスポットを当てて好評だった前著『身近な雑草のゆかいな生き方』（草思社）のメンバーがふたたび集まって作り上げることができた。三上修（みかみおさむ）さんには生命の躍動感あふれる野菜たちの迫力あるイラストを描いていただいた。精細なイラストが写真を上まわる力を持っていることを三上さんのイラストは雄弁に語ってくれている。魅力ある本に仕上げてくださった装丁は芦澤泰偉（あしざわたいい）さん。そして草思社の編集部からは貴重なアドバイスをいただいた。記して深謝したい。

なお、この本は雑誌『草思』の連載（平成十六年五月号〜平成十七年四月号）をもとに、大幅に加筆修正したものである。

平成十七年八月　　稲垣栄洋

# 文庫版あとがき

今、野菜が静かなブームである。また、食育で野菜が教材として取り上げられることも多い。

野菜は人間が健康な食生活を送るうえで不可欠な存在である。野菜に注目が集まることは、とても良いことであると思う。しかし、野菜がもてはやされるということは、野菜がそれだけ特別な存在になってしまっているということでもあるのだろう。

本書は二〇一一年四月に文庫化された『身近な雑草の愉快な生きかた』の続編として、文庫化されたものである。

前著の「身近な雑草」と同じく、本書でも「身近な野菜」とタイトルにつけた。そもそも人間が育て、人間の食べ物である野菜は、身近なものに決まっているから、「身近な野菜」というのは奇妙な言い回しかも知れない。それでも、あえて「身近な」という言葉にこだわったのは、ふだん何気なく食べている野菜の知られざる豊かな世界を感じてもらいたかったからである。

前著のテーマである「雑草」と本書のテーマである「野菜」とは、意外な共通点がある。それは、どちらも人間によって作りだされた植物であるということである。

野菜は人間によって改良が加えられ、栽培されている植物である。一方、雑草は人間が作りだした田畑や空き地などの人工的な環境に適応して発達してきた。その意味では意図しなかったとはいえ、雑草もまた人間が作りだしてきた植物なのである。

人は畑で野菜を育てる。野菜畑に雑草は生える。人は畑の雑草を草取りする。こうして、人と野菜と雑草とは、依存しあい、ケンカしあいながら、長い歴史を過ごしてきたのである。

数千年のときを経て、野菜は人類のパートナーとしての道のりを歩んできた。そして、人間の都合に合わせて、その姿や性質を異常なまでに変化させてきたのである。そんな野菜たちは、身勝手な人間に利用されてきただけの犠牲者なのだろうか。

私はそうは思わない。

植物たちは、生き抜くために環境に適応して姿や性質を変化させてきた。人間が求める形質にあわせて姿や性質を適応させていくことは、植物としてはごく自然な戦略である。そして、野菜たちは水や肥料を与えられ、生活に適した環境を手に入れたのである。

また、タンポポが綿毛を飛ばすように、植物は分布を広げるためにさまざまな工夫をこらしてきた。しかし、人間に取り入った野菜たちは、苦労することなく世界中に種をまいてもらっている。

そう考えてみれば、野菜たちは地球上でもっとも成功した植物であると言ってもいいだろう。しかも、万物の霊長を誇る私たち人類が、野菜を育てるために、せっせと働かされている。野菜を利用しているつもりでいる人間が、じつは、野菜たちにまんまと利用されているのである。

もしかすると、野菜という植物は、じつは雑草以上にしたたかでたくましい存在であると言えるかも知れない。

最後に、本書の文庫化にあたりご尽力いただいた筑摩書房の鎌田理恵さんに感謝申し上げたい。

本書のイラストを描いてくださった三上修さんが、本書の刊行を目前にして逝去されたとの知らせを受けました。三上さんとは前著の『身近な雑草の愉快な生きかた』をはじめとしたいくつかの著書でコンビを組ませていただき、美しいペン画を描いていただきました。もうご一緒に仕事をすることができないと思うと残念でなりません。心よりご冥福をお祈りいたします。

# 解説　人間はキュウリである

小池昌代

毎日、台所にたって、何かしら野菜を刻んでいる。若い頃は料理もできなくて、煮る前のカボチャが材木のように固いことも知らなかった。最初に包丁をあてたときには驚いた。ええっ、生のカボチャってこんな固いものだったの？　お嬢様でもないのに恥ずかしい。現代の若い男女も同じようなものかもしれない。母や祖母たち、いやもう死んでしまった無数の女たち（ときには男たち）は、台所でこんなものと格闘してきたんだなあ。そのとき、台所の「先人たち」と、初めて心が通いあった気がした。

そんな「お堅い」カボチャも、一口大に切って蒸すか茹でるかすれば、二分かそこらで柔らかくなる。その落差には、今でも驚く。こんな裏切りは新鮮で面白い。甘みのあるその味は、煮物はもちろん、おみおつけの具にしてもいいし、裏ごしにすればスープにもスイーツにもなる……とまあ、今では、すっかりカボチャとなじみになった。

カボチャばかりではない。年々歳々、食生活は草食的になり、食べ物のなかで、今、何が好きかと問われたなら、お寿司でもステーキでもうなぎでもなく、わたしは一番に、「キャベツ」を挙げるだろう。わたしは兎じゃない。一応、人間の女。しかし生のまま、ばりばり、食べる。いけますよ。

愛するキャベツから始まる本書は、それだけでもう、心ときめくものがある。何なのか。これでいいのか。人間の男でなく野菜にときめくという、この心。自分でも不思議だけれど、まず目次を見て嬉しくなった。八百屋さんさながら、よく知る野菜ばかりがずらりと並んでいる。なかにはメロンやイチゴもあって、それらは果実でなく野菜であるという。

驚いたのはそればかりではない。実はわたしは野菜のことをまるで知らないということに、本書を読んで気付かされた。読み終わる頃には、のっぺらぼうだった野菜たちに目鼻がつき、その表情までもが見えてくる。

どんな生き物にも優劣はなく、命あるものという点では同等なのだなどと、誰もが言う。しかしこの考えが本当に「習慣化」するのは、生半可なことではないとわたしは思う。長い時間かけて、相手となる生き物に、とことん「まみれる」必要がある。見つめて育て、考え、配慮し、つきあい、そしてそれを食べ……。本書の筆致はユーモラスで、気軽に読める体裁になっているが、著者が野菜たちに向ける視線は、習慣にまで高められた、フラットでゆるぎのないものである。

エダマメのところに、「植物の血」のことが出てくる。「植物の持っている葉緑素は、人間のヘモグロビンとよく似た構造している」そうだ。人の血が赤いのは、ヘモグロビンの作用によるが、マメ科の植物は、そのヘモグロビンとよく似た「レグヘモグロビン」という物質を持っているのだという。「新鮮なエダマメの根粒を切ってみると、血がにじんだように薄赤色に染まる。……いわば、これはエダマメの血である。」と著者は書いているが、こんな事実には、ただただ心動かされる。

レタスの項目には、「レタスの切り口の部分を包丁で少し切ってみると、白い乳のような液がにじみ出てくる」とある。「これは同じキク科のタンポポやノゲシにも見られる特徴で」、そもそも、「レタスは日本語で『チシャ』という。じつは昔『乳草』と呼ばれていたのが……転じて『ちしゃ』と呼ばれるようになった」のだという。

植物の血、植物の乳、そういうことを、わたしは今まで詩や小説のなかで、一種の擬人化として比喩的に書いてきた。しかしここには、比喩を超える、植物界の現実世界が広がっていた。こういう場面に出くわすと、想像力が湧き立ち、活性化する。

「想像力」の定義には、いろいろあろうが、わたしはこんなふうに考える。それは自分以外のものに心が出ていって、対象と一体化しようとする、心の激しい活発な動きのことだ、と。想像力と創造力とは、字は違うけれど重なるところがあると思う。

それはいきなり出てくるものではない。現実のなかにある、確かな手触り=経験が核となって、何かにぶつかったとき、わっと広がるもの。だからこそ、とりわけ子供たちには、ジャガイモ、ニンジン、タマネギその他を、しみじみ手にとって眺めてほしいなあと思う。ジャガイモ一個の重みをはかり、それをしみじみ見つめるといった、小さいけれども確実な経験が、心を育てていく。そう思わずにはいられない。野菜というのは母国語のような共通言語。その共通言語を通して、わたしたちは他者とつながりあっているのだから。

誰の書いたものだったか、「レタスは埃っぽい味がするので好まない」という趣旨のエッセイを読んだことがある。なるほどそうだ、と妙に納得しつつ愛されないレタスに同情を寄せた。しかし、わたしが毎日のように見ている料理本（山本麗子『101の幸福なレシピ』）には、「ゆでレタスのかき油かけ」なるものが載っていて、レタスを見事、救済している。まだ、一度も作ったことはない。作る前にイメージだけで満足してしまった。だって、レタスを茹でるなんて、何という斬新さ！

ちなみに本書には、「ハネムーン・サラダ」と呼ばれる、レタスをちぎっただけのサラダが紹介されている。なぜハネムーン？　レタスだけのサラダは、英語で、Lettuce only. ここから音声的に派生して、Let us only（わたしたちだけにして）、まさに新婚というわけ。

本書は野菜について書かれた本だが、本とは当たり前のことながら、「言葉」で書かれていて、ここで言葉とは、理科実験室の「顕微鏡」と同じような働きをする。ものに光をあて、肉眼では届かない部分にまで、想像力を至らせるのである。

先日、わたしは石巻の知人から、手作りの紫蘇巻き（くるみの入った味噌を紫蘇で巻いて焼いたもの。東北地方では昔から食べられてきたもののようだ）を頂いた。それと炊きたての白いご飯が、今日のわたしの昼ごはんだった。その紫蘇について、本書にはこんな中国の伝承も紹介されている。

「昔、食中毒にかかって今にも死にそうな少年に、旅の医者が持ってきたシソを煎じて飲ませたところ、たちまちのうちに死の淵から蘇った」。

ここからシソに、「『蘇る』という名前がつけられた」とある。こんなところでも、わたしはじいんとうれしくなった。「蘇る」という力強いイメージが、紫蘇という野菜にしまいこまれていたのだ！

人によって、感動のしどころはそれぞれだろう。わたしの場合はこんな具合に、毎頁一箇所は、はっとする記述に出会うものだから、忙しい読書になった。

震災後は、食べ物の放射能汚染が問題になって、特に葉物やきのこ類など、地面近くに生育しているものについて不安が増した。子供もいるので家族内で論争になり、しばらくの間、ホウレンソウやコマツナなど、青い葉物を食べなかった。放射能が染色体のレベルを傷つけるものだということを、わたしは無知にも、震災後知った。植物の染色体に影響がないわけはない。人間が新たに作りだすものと自然界にもとからあるもの。このバランスについて考えることなしには、もう一歩も進めない時代にわたしたちは生きている。

本書は震災前に書かれたものだが、人間の都合にあわせて改良が重ねられてきた野菜についての、危機感が記されている。たとえば曲がったキュウリが消費者に好まれず、等級外として捨てられた現実を著者は次のように書く。

「気のせいかキュウリが選別されるようになったころから、私たち人間も偏差値や学歴といった単一の評価基準で判断され、選別されるようになったとも思える」。さらに最近の動きとして、「行き過ぎた野菜生産の近代化を見直そうという動きが出ている。ところが今度は、……曲がっているほうがよいという風潮さえ出ている始末だ」と。確かにスーパーに行くと、こうした流れは肌で感じる。

前述した「想像力」を、こういうところでこそ使うべきだろう。すなわちキュウリとは、実はわたしたちのことであるのだと。

キュウリの表面につく白い粉状のものを、わたしは昔どこかで見たことがあるが、それが「ブルーム」といわれる自然の分泌物であることも本書で初めて知ったことだ。わたしもそう思った一人かもしれないが、これを農薬かと疑う消費者がいて、それにあわせてブルームレスキュウリが市場に出回るようになったという。しかしこの改良キュウリ、病気に弱く、却って農薬をたくさん使わなければならなくなったというのだから、呆れる前に怖くなる。そうして我が身を省みる。

一年中いつでも食べられるようになった改良ホウレンソウからは、「ビタミンCなどの栄養価が激減してしまった」という指摘も。

知らなかった、そんな馬鹿なことをわたしたちはやってきたのかと、誰もが他人事のように思うだろう。わたしは最初から曲がったキュウリでいいと思っていたのにと文句を言う人もいるかもしれない。しかしこうした現実を黙って受け入れてきたのだから、免責される人などどこにもいない。

身近な野菜と言いながら、人間と野菜の間には、いつのまにか見えない仕切りができてしまったようだ。人間を「消費者」と置き換えると、この壁はいっそうはっきりする。

その壁に、穴をあけてくれる大事な本だ。

精密で美しいイラストがついている。野菜をじっと見つめた人が、ここにも一人、確かにいた。そのこともまた、見る者をあたため勇気づける。

# 参考文献


牧野晩成『果物と野菜の観察』ニュー・サイエンス社　一九七八年
室井綽、岡村はた、当津隆『ほんとの植物観察』地人書館　一九八三年
清水茂監修、西貞夫他編『野菜園芸大事典』養賢堂　一九八五年
鎌田博、原田宏『植物のバイオテクノロジー』中央公論新社　一九八五年
古前恒、林七雄『身近な生物間の化学的交渉』三共出版　一九八五年
星川清親『栽培植物の起原と伝播』二宮書店　一九八七年
日高敏隆、河野昭一『植物の論理と戦略』平凡社　一九八七年
関根雄二『関根雄二のおいしい野菜えらび12か月　春夏編』草思社　一九八八年
関根雄二『関根雄二のおいしい野菜えらび12か月　秋冬編』草思社　一九八八年
草川俊『野菜・山菜博物事典』東京堂出版　一九九二年
室井綽、清水美重子『続　ほんとの植物観察』地人書館　一九九五年
大竹三郎『酸・アルカリと水溶液』国土社　一九九六年
芦澤正和、内田正宏『花図鑑　野菜』草土出版　一九九六年
よしだみのる、さいとうやすひさ『そだててあそぼう4　ジャガイモの絵本』農山漁村文化協会

一九九七年
すずきかずお、ひらのえりこ『そだててあそぼう15 ラッカセイの絵本』農山漁村文化協会 一九九九年
石井由紀、熊田達夫『伝説の花たち 物語とその背景』山と渓谷社 二〇〇〇年
薄井清『東京から農業が消えた日』草思社 二〇〇〇年
田中肇、平野隆久『花の顔』山と渓谷社 二〇〇〇年
高橋素子、篠原温『Q&A 野菜の全疑問』講談社 二〇〇一年
たかはしひでお、さわだとしき『そだててあそぼう27 スイカの絵本』農山漁村文化協会 二〇〇一年
中村浩『野菜の魅力』化学工業日報社 二〇〇一年
ふじえだくにみつ、なかやまみすず、つちはしとしこ『そだててあそぼう51 ニガウリ（ゴーヤー）の絵本』農山漁村文化協会 二〇〇三年
池田弘志『野菜がクスリになる44の食べ方』小学館 二〇〇三年

本書は二〇〇五年八月に、草思社より刊行された。
（単行本書名『身近な野菜のなるほど観察記』）

ちくま文庫

# 身近な野菜のなるほど観察録

二〇一二年三月十日　第一刷発行
二〇二二年六月五日　第三刷発行

著者　稲垣栄洋（いながき・ひでひろ）
絵　三上修（みかみ・おさむ）

発行者　喜入冬子
発行所　株式会社　筑摩書房
東京都台東区蔵前二―五―三　〒一一一―八七五五
電話番号　〇三―五六八七―二六〇一（代表）
装幀者　安野光雅
印刷所　三松堂印刷株式会社
製本所　三松堂印刷株式会社



ISBN978-4-480-42920-9 C0161